Jacques Lacan zur Einführung

Gerda Pagel

Jacques Lacan zur Einführung

JUNIUS

Junius Verlag GmbH
Stresemannstraße 375
22761 Hamburg
info@junius-verlag.de
www.junius-verlag.de

Umschlaggestaltung: Florian Zietz
Titelfoto: akg-images
Printed in the EU 2025
ISBN 978-3-88506-364-3
8., korrigierte Auflage 2025

Bibliografische Information der Deutschen Nationalbibliothek
Die Deutsche Nationalbibliothek verzeichnet diese Publikation in der Deutschen Nationalbibliografie; detaillierte bibliografische Daten sind im Internet über http://dnb.dnb.de abrufbar.

Inhalt

Einleitung

»Der mich befragt, weiß mich auch zu lesen.«
Jacques Lacan

Jacques Lacan (1901-1981) kann sicher als einer der bedeutendsten und zugleich umstrittensten Repräsentanten der Psychoanalyse bezeichnet werden. Als in den sechziger Jahren die Bewegung des französischen Strukturalismus ihren Höhepunkt erreichte und das intellektuelle Leben der Hauptstadt in Atem hielt, veröffentlichte der Gründer und Leiter der Freud-Schule in Paris (Ecole Freudienne de Paris) seine gesammelten Abhandlungen in einem nahezu tausend Seiten umfassenden Werk mit dem Titel *Ecrits*. Damit kam er nicht nur dem Wunsch seiner zahlreichen Schüler, Seminarhörer und Anhänger nach, die bis zu diesem Zeitpunkt Mühe hatten, an seine verstreut publizierten Artikel zu gelangen. Zugleich schrieb er sich ein in die Reihe der wissenschaftlichen Autoren, die als Architekten einer neuen geistigen Epoche gelten: Claude Lévi-Strauss (Ethnologe), Michel Foucault (Philosoph), Louis Althusser (Philosoph/Marxist), Roland Barthes (Semiologe/Literaturkritiker) und Jacques Derrida (Philosophiehistoriker). Wenn auch die Wissensgebiete dieser Forscher erheblich differieren, so sehen sich doch alle einer Aufgabe verpflichtet: der *strukturalistischen Tätigkeit*. Angesichts ihres großen Einflusses auf Lacan gilt es, zunächst einen Blick auf ihre Handhabung und Entwicklung zu werfen.

Die strukturalistische Tätigkeit hat zum Ziel, den Ordnungscharakter von Objekten und Beziehungssystemen hervorzuheben, deren Erscheinungsweise und Aufbau systematisch zu ergründen und linguistisch, logisch oder auch poetisch zu beschreiben. »Der strukturale Mensch nimmt das Gegebene, zerlegt es, setzt es wieder zusammen.«[1] Was R. Barthes hier kurz auf einen Nenner bringt, ist scheinbar wenig, doch ist dieses Wenige gerade das Entscheidende. Denn zwischen den beiden Operationen – Zerlegen und Arrangement – entspringt etwas Neues: etwas, was das Gegebene weder kopieren noch verändern, sondern *verständlich* machen will.

Gemeinsamer Bezugspunkt der vielschichtigen Theorien ist das soziale Phänomen *Sprache*, das allen Strukturanalysen zum Paradigma wird. Das Sprachdenken der Strukturalisten unterscheidet sich allerdings erheblich von der historisch verfahrenden Sprachwissenschaft des 19. Jahrhunderts. Sah diese die Sprache als Resultat historischer Entwicklung (Diachronie) und betrachtete Wörter und Laute vorzüglich in ihrer jeweiligen Isoliertheit, so richtet sich der strukturalistische Blick auf den systematischen Aufbau der Sprache und betrachtet dieselbe als komplexes Zusammenwirken gleichzeitiger Elemente (Synchronie), dessen Gesetzmäßigkeit dem menschlichen Bewußtsein in weitem Maße entzogen ist und im »Unbewußten« verbleibt.

Es war der Sprachwissenschaftler Ferdinand de Saussure (1857-1913), der die strukturalistische Bewegung ins Leben rief. Bevor er 1906 an der Universität von Genf durch seine Lehrtätigkeit und die 1916 postum veröffentlichten Vorlesungsschriften *Cours de linguistique génerale*[2] die Linguistik epochemachend revolutionierte, unterrichtete er bis 1891 an der gleichen Ecole Pratique des Hautes Etudes in Paris, in der noch heute zahlreiche Strukturalisten ihrer Lehrtätigkeit nachgehen. Die von de Saussures Genfer Schule ausgehende Bewegung nahm ihren Weg nach Prag (R. Jakobson, N.S. Trubetzkoj), Kopenhagen (L. Hjelmslev) und in die USA (L. Bloomfield, E. Sapir, N. Chomsky), bis sie schließlich – teils übernommen, teils weiterentwickelt, abgewandelt oder kritisiert – nach Europa zurückkehrte. Vor allem in Frankreich wird sie nun zum Grundpfeiler einer großen geistigen Strömung, die nicht nur in alle Sparten der universitären Humandisziplinen dringt, sondern auch als intellektuelle Mode und als ideologische Weltanschauung das kulturelle Leben beherrscht.[3]

Doch lange bevor der Strukturalismus zum Schlagwort der Intellektuellenszene in Paris wird, ist er zunächst strenge wissenschaftliche Methode, die sich neben anderen bewährten Verfahren erst ihren Platz erobern muß. Den entscheidenden Anstoß zum Durchbruch aus der Sprachwissenschaft gibt Claude Lévi-Strauss mit seinem 1949 veröffentlichten Werk *Die elementaren Strukturen der Verwandtschaft*, in welchem er die Übertragbarkeit der linguistischen Methode auf dem Gebiet der Ethnologie demonstriert. Der große wissenschaftliche Erfolg, den Lévi-Strauss mit dieser exzellenten Analyse und seinen nachfolgenden Arbeiten über »Mythen«, »Magie«, »Religion« und »Kunst« verbuchen kann, läßt ihn zur zentralen Figur der aufkeimenden neuen Bewegung werden. Was er konsequent in Ethnologie und Anthropologie zur Anwendung bringt, macht Schule in Philosophie, Soziologie, Literaturwissenschaft, Semiologie und nicht zuletzt in der Psychoanalyse, auf deren Feld der Name »Lacan« bald in aller Mund ist.

Bekannt ist Lacan durch die Originalität seiner Theorien, die der Psychoanalyse als Wissenschaft ein neues Image verleihen, berühmt durch die rhetorische Exzellenz seiner Seminarvorträge, die einen der Anziehungspunkte für die jungen Intellektuellen von Paris bilden, berüchtigt im Kreise seiner Fachkollegen als das Enfant terrible, welches für immer neue Aufregung sorgt. Bereits Mitte der dreißiger Jahre sagte Lacan der Ich-Psychologie, deren Vertreter auf die Erkenntniskräfte des Ich schwören, den Kampf an und setzte ihr seine an der Linguistik geschärfte Lesart des Unbewußten entgegen. Sein radikales Freud-Verständnis führte nicht nur zur Trennung zwischen ihm und der Psychoanalytischen Vereinigung Frankreichs (1953), sondern auch zum Ausschluß aus der Internationalen Gesellschaft der Psychoanalyse (1963). Als Lacan im Jahre 1964 die Öffentlichkeit mit der Gründung seiner eigenen Freud-Schule konfrontierte und sich damit als einer der Hauptverfechter des Strukturalismus in Szene setzte, erregte gleichzeitig Roland Barthes, der Claude Lévi-Strauss' und Lacans Theorien auf dem Gebiet der Literatur verfocht, das Pariser Publikum. Sein Werk *Sur Racine*[4], das auf polemische Art der traditionellen Literaturkritik eine scharfe Absage erteilt, wird zum Fehdehandschuh, den der Sorbonner Literaturprofessor Raymond Picard aufgreift. Der Angriff in Form eines Pamphlets mit dem Titel *Neue Kritik oder neuer Betrug*, das zum vernichtenden Hieb gegen Barthes' Theorien ausholt, entwickelt sich freilich zum Eigentor. Die Schrift bietet Zündstoff, an dem sich die Geister der Intellektuellen scheiden – der Strukturalismus avanciert zur Mode des universitären Milieus von Paris.

Nachdem der Literaturstreit von Barthes und Picard im Winter 1965/66 seinen ersten Höhepunkt erreichte, kündigte sich ein Jahr später (1966/67) auf dem Literaturmarkt eine Flut strukturalistischer Bestseller an. Sie heizte die Grundsatzdiskussionen der »für« und »wider« den Strukturalismus Streitenden in allen wissenschaftlichen Disziplinen weiter an: Lévi-Strauss stellt den zweiten Band seiner *Mythologiques* vor; Louis Althusser und seine Kollegen verblüffen mit ihrer strukturalistischen Marx-Interpretation *Das Kapital lesen I, II;* der junge Philosoph Michel Foucault erreicht mit seinem Werk *Die Ordnung der Dinge* Platz eins auf der Bestsellerliste; unter dem Titel *Grammatologie* entwirft der Philosophiehistoriker Jacques Derrida eine neue Theorie der Schrift; Roland Barthes indessen erwidert mit

Kritik und Wahrheit Picards Schmähschrift und entlarvt kurze Zeit später mit seiner umfangreichen Analyse über *Die Sprache der Mode* eines der vielen Zeichensysteme unserer Zeit als eine Struktur, die imaginären Zwängen gehorcht. Lacans Beitrag zu diesem Manifest strukturalistischer Autoren bilden seine bereits erwähnten *Ecrits*, die nicht nur das voluminöseste Buch darstellen, sondern auch – was Inhalt und Form betrifft – die größten Anforderungen an den Leser richten.

Zunächst wird der Leser der *Ecrits* feststellen, daß es das Standardwerk Lacans – im Sinne einer ausführlichen Abhandlung, die in summa seine Theorien enthält – nicht gibt. Nicht ohne Grund trägt das Buch den Titel *Ecrits* (Schriften)[5], besteht es doch aus Aufsätzen, Abhandlungen, Vorträgen, Kommentaren und Interventionen. Dies gilt auch für seine Veröffentlichungen nach 1966 sowie für die Mitschriften seiner Seminare, die ab 1973 auf dem Buchmarkt erscheinen. Lacans Lehrgebäude läßt sich nur im Studium seiner Einzelschriften und der Seminare erfassen. Doch auch hier wird derjenige, der nach *dem* Grundgedanken seiner Theorien sucht bzw. zum Kern seiner Wahrheit vorstoßen will, enttäuscht werden. Denn analog zu Lacans Lehre, die jedes Haschen nach Einheit und Ganzheit als imaginär verwirft, versagt sich das Lacansche Lehrgebäude dem Postulat von Eindeutigkeit und Wahrheit. Seine Schriften und Vorlesungen lassen sich charakterisieren als ein Spiel von miteinander verwobenen Gedankenketten, die in Knotenpunkten zusammenlaufen. Sie gleichen Spuren, die sich im Sand zu verlieren scheinen und unerwartet wieder auftauchen, oder aufeinander bezogenen Querverweisen, Differenzen und Brüchen, die sich erst nachträglich als »Effekt« eines Sinnes erweisen. Andererseits finden sich methodisch perfekt geführte Passagen, die jedoch jäh abbrechen, vor jeder Verfestigung bewahrt werden. Lacans Schreibstil entfaltet einen Diskurs im Sinne der von

R. Barthes verwendeten Definition: »Discursus – das meint ursprünglich die Bewegung des Hin-und-her-Laufens, das ist Kommen und Gehen, das sind ›Schritte‹, ›Verwicklungen‹.«[6]

Lacan zu studieren bedeutet zum einen, sich auf diesen Diskurs einzulassen, die Art und Weise seiner Verwebungen zu erforschen, den aus seinen Bewegungen lebenden Text ernst zu nehmen, ohne an ihn die hermeneutische Frage nach dem Verstehen und Erkennen eines ursprünglichen bzw. eindeutigen Sinnes zu richten.

Lacan zu lesen bedeutet zum anderen, sich einer Ambivalenz zwischen Faszination und Frustration zu stellen. Seine Sprachgewalt, seine poetisch anmutende Fähigkeit, mit der Mehrdeutigkeit von Wörtern zu spielen, und seine elegante Art des bedächtig-allmählichen Umkreisens und Enthüllens wichtiger Argumentations- und Gedankengänge verführen leicht dazu, sich an der Lust am Lesen zu weiden und sich tragen zu lassen vom üppigen Spiel der Signifikanten. Frappierend ist, daß dies nie ganz gelingt, denn der Duktus seiner Rede reißt plötzlich ab, reduziert sich auf Andeutungen oder verdichtet sich zu komplizierten Definitionen, die wachrütteln, zum Nachdenken auffordern und den Diskurs förmlich umstülpen: Der Effekt, den der Leser erhaschen will, schlägt um in eine Effektivität, die ihn selbst erhascht.

Der herausfordernde Schreib- bzw. Sprachstil Lacans wird für viele, die sich mit ihm beschäftigen, zum Stein des Anstoßes. Lacan schreibt nicht, um zu informieren, sondern – wie er selbst betont – um zu »evozieren«. Die eigenwillige Struktur und die poetische Dimension seiner Schriften schmälern jedoch keineswegs den wissenschaftlichen Gehalt seiner Theorien, die er mit leidenschaftlicher Beharrlichkeit verfocht. Gleich Dali, der den surrealistischen Stil in der Kunst legalisierte, läßt Lacan das Phänomen zu Wort kommen, dem sein tiefstes Interesse gilt: das Unbewußte. Wenn er dem Leser das »Einrasten« eines eindeutigen Sinnes verweigert, dann geschieht dies nicht ohne Grund, geht es ihm dabei doch um wesentliche Dinge:

- die Entlarvung der imaginären Struktur des Selbstbewußtseins (vgl. Kap. 1),
- die Hinterfragung menschlicher Denk- und Sprachgewohnheiten und die Aufdeckung der »Rede« des Unbewußten (vgl. Kap. 2),
- die Infragestellung des Subjekts und seiner Geschichtlichkeit (vgl. Kap. 3),
- die Enthüllung der exzentrischen Sexualität des Menschen (vgl. Kap. 4),
- die Verweigerung einer ichstärkenden Therapie und die Befreiung des »wahren« Sprechens in der Psychoanalyse (vgl. Kap. 5).

Mit seiner radikalen Absage an die traditionelle Sprachtheorie, an Ego- und Logozentrismus sowie an die Geschichtsmächtigkeit des Menschen formulierte Lacan eine weitere Provokation. Daß das Subjekt weder autonomes Zentrum seiner selbst noch Initiator seines vom Bewußtsein ausgehenden Verhältnisses zur Welt ist, daß vielmehr die Sprache das entscheidende Agens ist, wodurch es spricht und gesprochen wird – das ist der Grund der Widerstände gegen das Denken Lacans. Darauf gründen sich noch heute die Kritiken an seiner Lehre, der Vorwurf gegenüber seinem Stil und die Angriffe auf seine Person.

Die Persönlichkeit Lacans[7] bietet ohne Zweifel Grund, sich für sie zu begeistern oder sich an ihr zu reiben. Seine Aura erstreckt sich zwischen genialem Geist und tragischem Märtyrer, Scharlatan und wissenschaftlicher Größe, väterlichem Freund und autoritärem Meister. Angesichts der Polarisierung zwischen Liebe und Haß, die man ihm entgegenbringt, ist es angebracht, vor einer genaueren Beschäftigung mit seinem Werk die enge

Verkettung von wissenschaftlichem Interesse und analytischer Erfahrung zu verdeutlichen. Die Verquickung von persönlicher Motivation/individueller Entfaltung mit der Geschichte der Institutionen, in welchen Lacan eine tragende Rolle spielte, darf hier nicht außer acht bleiben:

Lacans wissenschaftlicher Ausgangspunkt ist die Psychiatrie. 1932 erscheint seine medizinische Dissertation über einen Fall von Paranoia: *De la psychose paranoïaque dans ses rapports avec la personnalité.*[8] Ein Jahr später greift Lacan die in Frankreich großes Aufsehen erregende Affäre der Schwestern Papin auf[9], die als Dienstmädchen in einem Provinzort arbeiteten und ihre Herrschaften – gleichfalls ein Frauenpaar: Mutter und Tochter – auf grausame Weise ermordeten. Während Jean Genet diesen Fall in seinem Theaterstück *Les bonnes* (dt. *Die Zofen*, 1957; Uraufführung in Paris 1947) literarisch verarbeitete, rekonstruiert Lacan die Biographie der Geschwister und entdeckt, daß die emotionale Beziehung der beiden Frauen in einer nach außen abgeschlossenen Dualität erstarrte, die keinem Dritten erlaubte, in ihre spiegel-bildliche Beziehung einzutreten. In enger libidinöser Verklammerung ihrem jeweiligen Pendant verhaftet, vermag sich die mit der Liebe verstrickte Aggressivität nicht zu artikulieren und richtet sich schließlich nach außen, wo sie sich im orgiastischen Wahn austobt und den Wunsch nach Tötung und Vernichtung verwirklicht. Das andere Frauenpaar, das die Spiegelbeziehungen der Schwestern Papin gewissermaßen noch einmal spiegelt, wird zum Opfer dieser Konstellation.

Noch bevor Lacan zur Psychoanalyse kommt, gilt sein Interesse den irrationalen Tiefen des Menschen. Er ist befreundet mit surrealistischen Künstlern, mit Picasso, Leiris, Reverdy, Eluard, Dali und Masson, der später sein Schwager wird. G.G. de Clérambault, der einzige seiner Lehrer, vor dem er später noch Respekt bekundet, erschießt sich 1934 vor einem Spiegel.

In seiner Abhandlung über den Fall Papin skizziert Lacan bereits das grundlegende Schema jener intersubjektiven Beziehungsstruktur, die drei Jahre später – im Rahmen seiner psychoanalytischen Inauguralarbeit – seine erste und originellste Entdeckung wird: das Spiegelstadium (vgl. Kap. 1). Im gleichen Jahr, als der Existenzphilosoph Sartre *L'Imagination* und *La transcendance de l'Ego* veröffentlicht, stellt Lacan seine Theorie über das Spiegelstadium auf dem 14. Internationalen Psychoanalytischen Kongreß (2.-7. August 1936) in Marienbad vor. Die noch von gestaltpsychologischen Elementen durchwobene psychoanalytische Untersuchung zur Genese des Ego läßt bereits die ersten Keime eines strukturalistischen Ansatzes erkennen. Ihre spätere Textfassung erhält sie 1949 anläßlich Lacans Vortrag vor dem 16. Internationalen Psychoanalytischen Kongreß in Zürich.

Ab 1948 ist der Psychoanalytiker Lacan innerhalb der Société Psychanalytique de Paris – der damals einzigen psychoanalytischen Organisation in Frankreich – Mitglied der über die Ausbildung zum Lehranalytiker beratenden Kommission. Als 1953 der Präsident Sascha Nacht die Gründung eines Instituts zur Vergabe anerkannter Psychoanalytiker-Diplome vorschlägt und als Voraussetzung zu dieser Qualifikation den Abschluß eines medizinischen Studiums fordert, wendet sich eine Gruppe um Lacan, D. Lagache und F. Dolto gegen diese Restriktion und gründet eine eigene Gesellschaft, die Société Française de Psychanalyse.

Noch im gleichen Jahr wird Lacan als offizieller Repräsentant der Psychoanalyse zum Kongreß in Rom geladen, wo er mit seinem Bericht über *Funktion und Feld des Sprechens und der Sprache in der Psychoanalyse* in den Reihen seiner Fachkollegen Aufsehen erregt. In dem für seine spätere Arbeit grundlegenden Beitrag verknüpft Lacan die Ergebnisse der strukturalen Linguistik (Saussure, Jakobson) und Anthropologie (Lévi-Strauss) mit der Psychoanalyse Sigmund Freuds. Beide Wissenschaften erweitern den traditionellen Symbolbegriff in verschiedener Richtung: Freud im Hinblick auf das Unbewußte, Saussure und seine Nachfolger, indem sie das Ordnungsprinzip der Sprache hinterfragen und die Natur der Zeichen (Signifikanten) aufzeigen. Auf die Linguistik bezogen, formuliert Lacan in seiner Rede: »Um das Sprechen des Subjekts zu befreien, führen wir es in die Sprache seines Begehrens ein [...]. Diese hat [...] den universalen Charakter einer Sprache.«[10] Wenn Lacan von der »Sprache des Begehrens« spricht, meint er damit, daß analog zur bewußten Seite der Sprache auch die Äußerungen des Unbewußten sprachförmig strukturiert sind. Als solche sind sie aber auch den Möglichkeiten einer linguistischen Analyse zugängig. Mit dieser Erkenntnis gelingt es Lacan, der Psychoanalyse eine linguistisch untermauerte wissenschaftliche Form zu geben (vgl. Kap. 2 und 5).

Seine »Rede von Rom« wird zum Fundament einer neuen Interpretation psychoanalytischer Theorie und Praxis, die sich auf dem Weg »Zurück zu Freud« vor allem gegen jene Therapien wendet, die die Evidenz des Selbstbewußtseins unterstützen und stärken. Im Gegensatz dazu besteht für Lacan die praktische Aufgabe der Psychoanalyse darin, hinter der Maske des sich qua »leerer« Rede in Szene setzenden »Ich« das eigentliche Begehren, das »volle« Sprechen des Subjekts zu entschlüsseln, freizulegen und anzuerkennen. Da im analytischen Dialog das »wahre« Subjekt zur Sprache kommen kann, bekundet Lacan, »daß das Unbewußte des Subjekts der Diskurs des anderen ist«[11] (vgl. Kap. 5).

Im Lager der Existentialisten und auch in maßgeblichen psychoanalytischen Kreisen stoßen Lacans evokative Lehre und seine radikale Interpretation des Freudschen Urtextes auf Ablehnung. Anstoß erregt nicht nur seine Theorie, die die Subversion des Subjekts und seiner Geschichtlichkeit verkündet, sondern auch und vor allem ihre praktische Umsetzung. Der Analytiker Lacan sprengt die klassische Handhabung, indem er, auf ein von vornherein zeitlich festgesetztes Limit verzichtend, die Sitzungsdauer einer Analysestunde dem jeweiligen Diskurs seiner Analysanden anpaßt. Dies hat zur Folge, daß diese je nach Ablauf zwischen nur wenigen Minuten und weit mehr als einer Stunde variiert. Die theoretische Begründung dazu entnimmt er seiner Erkenntnis, daß das Subjekt die Antwort auf seine Fragen nur dann finden kann, wenn der Analytiker in »gleichschwebender Aufmerksamkeit« (Freud), ohne seine Präsenz aufzudrängen, den Raum für einen Diskurs bereitstellt, den das Subjekt selbst führen muß. Des weiteren sind alle ichstärkenden Bekräftigungen, die dem narzißtischen Anspruch des Analysanden auf Liebe, Zuwendung und Sympathie entgegenkommen würden, zu vermeiden. Die eigenwillige Veränderung der analytischen Situation scheint der nationalen und der internationalen Gesellschaft für Psychoanalyse unerträglich. Sie zieht die Konsequenzen und streicht Lacan 1963 aus der Liste der Lehranalytiker. Auch sein Seminar in der Klinik Saint-Anne wird geschlossen. Es ist C. Lévi-Strauss, der ihm in dieser Situation beisteht und einen Lehrauftrag von der Ecole Pratique des Hautes Études vermittelt, so daß er sein Seminar in den Räumen der Ecole Normale Supérieure fortsetzen kann.

Lacan, der seinen Fall mit der Exkommunikation Spinozas aus der Kirche vergleicht und sich in der Öffentlichkeit zum einsamen, verfemten Märtyrer stilisiert, setzt mit vertieftem Pathos seinen Kampf fort und gründet 1964 eine eigene Schule, die Ecole Française de Psychanalyse. Diese findet regen Zulauf, und es nimmt nicht wunder, daß gerade zu der Zeit, als der Strukturalismus in Frankreich zur Mode und Ideologie avanciert, die Seminare Lacans zum magischen Anziehungspunkt für die Intellektuellen von Paris werden. So drängen sich neben den an einer psychoanalytischen Ausbildung Interessierten immer mehr Hörer anderer Fachbereiche, Künstler, Schriftsteller, Priester, Schauspieler und Mitglieder politischer Gruppen, aber auch schwärmerische Verehrer und Mitläufer jeder Mode in seinen Vorlesungen.

Während in jenem Klima intellektueller Euphorie die Popularität Lacans, u.a. durch das Erscheinen der *Ecrits* und Fernsehsendungen über ihn (1967/70/73), ungebrochen fortbesteht, deutet sich innerhalb seiner Schule – inzwischen umbenannt in Ecole Freudienne de Paris – eine weitere Spaltung an. Wieder ist es das Problem der Qualifikation zum Analytiker, das zum Konflikt führt. Eine Reihe seiner Schüler stellt sich einem 1969 verabschiedeten Prüfungsverfahren sowie dem privatistischen Praxisverständnis Lacans entgegen und bildet eine weitere Organisation, die Quatrième Groupe. Dennoch kann der zweimal zu Fall gebrachte und nun mit der Spaltung der eigenen Schule konfrontierte Lacan einen institutionellen Erfolg verbuchen: Seine Schule entwickelt sich in den siebziger Jahren zur größten psychoanalytischen Institution Frankreichs.

Lacans Weg durch die psychoanalytischen Vereinigungen, den er allen Intrigen zum Trotz auf seine ihm eigene Art ging, entbehrt auch kurz vor seinem Lebensende nicht der Eigenwilligkeit. Im 79. Lebensjahr stehend, erklärt er im Januar 1980 die Auflösung seiner Schule und die Neugründung der *Cause Freudienne* (= die Freudsche Ursache). Die Liquidierung seiner eigenen Organisation führt zwischen den »vaterlos« gewordenen Schülern zu einer monatelang andauernden Polemik, die von der Pariser Presse gierig aufgegriffen und zur öffentlichen »Affäre Lacan« stilisiert wird. Ende September macht schließlich die Generalversammlung der Ecole Freudienne Lacans eigenwilligen Entschluß rechtskräftig und löst die Schule auf. Ein Jahr danach stirbt Lacan am 9. September 1981 in Paris.

Im deutschen Sprachraum blieb Lacans Werk lange unbekannt. Weder seine Rede in Zürich 1949 (Das Spiegelstadium) noch seine Vorträge in Wien 1955 (Die Sache mit Freud) und München 1958 (Die Bedeutung des Phallus) vermochten die Beschäftigung mit seinen Theorien einzuleiten. In Deutschland setzte erst in den frühen siebziger Jahren die Auseinandersetzung mit dem Werk Lacans ein. Quasi als Vorläufer erscheint 1971 das Buch des Lacan-Schülers S. Leclaire *Der psychoanalytische Prozeß* in deutscher Übersetzung. Ihm folgen weitere der Ecole Freudienne entsprungene Arbeiten von Mannoni, Dolto, Laplanche und Pontalis. Maßgebend zur Texterschließung des Lacan-Werkes für den deutschen Leser ist die von N. Haas initiierte Übersetzung der *Schriften* (ab 1973) und der *Seminare* (ab 1978). 1973 legt H. Lang mit seiner Dissertation *Die Sprache und das Unbewußte* den Grundstein zur Lacan-Interpretation in Deutschland. Im gleichen Jahr erscheint auch die kritische Auseinandersetzung des Sozialpsychologen A. Lorenzer *Über den Gegenstand der Psychoanalyse.* Weitere wissenschaftliche Abhandlungen und Beiträge folgen und werden zum Teil kontrovers diskutiert (vgl. Literaturhinweise). Parallel dazu bilden sich in Berlin, Hamburg, Bremen, Heidelberg, Freiburg, Kassel und Würzburg Arbeitsgruppen, die sich mit Lacan beschäftigen.

Die Schriften Lacans, die bei uns anfangs nur zögernd aufgenommen wurden, sind inzwischen auf breites Interesse gestoßen. Daher scheint der Zeitpunkt gekommen, dem Leser, der sich zum »Diskurs« mit Lacan motiviert fühlt, eine Einführung in das gewiß nicht einfache, jedoch spannende Werk zu geben. Sie soll ihn zur weiteren selbständigen Erforschung der strukturalistischen Tätigkeit Lacans anspornen. Die vorgenommene Auswahl von Schwerpunkten hat zum Ziel, den sprach-, subjekt- und sozialkritischen Gehalt der Lacanschen Theorien herauszuarbeiten und ihre nuancierte Auseinandersetzung mit Philosophie, Linguistik, Anthropologie und Literatur zu erhellen. Vor allem aber geht diese Einführung den Spuren jener Lehre nach, der sich Lacan am tiefsten verbunden und verpflichtet fühlte – der Psychoanalyse Freuds.

1. Im Banne des Spiegels – »Ich ist ein anderer«

»Ich ist ein anderer« – diese paradox anmutende These zieht sich wie ein roter Faden durch das gesamte Werk Lacans. Wie kann das Ich jemals ein Nicht-Ich, ein anderer sein? Wir haben uns daran gewöhnt zu denken, daß das Ich des Menschen jenen Mittelpunkt darstellt, von dem nicht nur seine Beziehungen, die Interaktionen mit den Dingen der Welt, sondern auch die Ansätze zu tatkräftigen Handlungen ausgehen. Dieses Ich erscheint für unser Lebensgefühl fundamental. Und indem es uns selbst in unseren phantastischen Ängsten und heimlichsten Wünschen noch wissen läßt, daß es *uns* gibt, bewahrt es das Geheimnis unserer Identität. Wie also könnte ein Zweifel aufkommen an diesem Ich, das sich mit solcher Sicherheit identisch weiß?

Erkennt sich das Subjekt nicht mit absoluter Gewißheit unter tausend Bildern wieder – wohl wissend, daß dies ein Bild seiner selbst ist, daß dieses Selbst kein anderes oder gar ein fremdes sei? Scheint der Selbstbezug des Menschen nicht gerade darin zu liegen, daß er sich vom anderen unterscheiden und in der Differenzierung zu ihm als identisch wissen kann? Und zeichnet sich – im Verhältnis zum Tier – der Mensch nicht durch das Bewußtsein von seinem eigenen Ich, also das Selbstbewußtsein, aus?

Das sich seiner selbst bewußte »Ich bin, der ich bin« wird erst dann zum Problem, wenn man fragt, auf welche Wirklichkeit sich das, was das Subjekt über sich weiß, und das, worin es sich zu erkennen glaubt, bezieht. Mit anderen Worten: ob sich alles, was es darüber weiß, auf diese – und auf keine andere – Wirklichkeit bezieht. Dieser Art des Fragens bedient sich Lacan und geht damit den Weg, den Freud um die Jahrhundertwende mit seiner *Traumdeutung* erschloß.

»Das Ich *(je)* ist nicht das Ich *(moi)*.«[1] In diesem Sachverhalt liegt für Lacan die grundlegende Erfahrung der Psychoanalyse. Denn hinter dem Ich, das sich weiß und sich denkt, bringt die Psychoanalyse ein anderes Subjekt zur Sprache. Ein Subjekt, das in seinen Launen und Symptomen, in seinen Träumen und Verirrungen nur eine höchst indirekte Artikulationsmöglichkeit gefunden hat – und dessen Rede es zu entziffern gilt. Den verborgenen Sinn jener anderen Rede des Unbewußten zu *erraten*, wie es Freud nennt, heißt aber zugleich, die Selbstgewißheit des cartesianischen Cogito zu unterminieren, seine unbefragte Subjektivität zu dezentrieren. Wenn Lacan formuliert: »Nichtsdestoweniger ist das philosophische *Cogito* im Brennpunkt jener Täuschung, die den modernen Menschen so sicher macht, er selber zu sein in seinen Ungewißheiten über sich selbst, sogar durch jenes Mißtrauen hindurch, das er seit langem den Fallen der Eigenliebe gegenüber zu hegen gelernt hat«[2], so liegt für ihn gerade an den Punkten, »wo die Evidenz unterwandert wird vom Empirischen, [...] der Dreh der Freudschen Wende«[3]. Freud, der an die Kränkungen dieser Evidenz erinnerte, die Kopernikus mit seiner Absage an das geozentrische Weltbild einleitete und die mit Darwins Rückbindung des Menschen an die Biosphäre fortgeführt wurden, fügte diesen Erniedrigungen, die das Subjekt von außen tangierten, die wohl empfindlichste hinzu. Sein Nachweis, daß »das Ich nicht Herr sei in seinem eigenen Haus«[4], traf die Souveränität des Ich in seinem Innern. In der 1914 verfaßten Narzißmusabhandlung zeigte Freud, daß das Subjekt diese Kränkungen gerne leugnet, weil es die in seiner

Kindheit genossene omnipotente Selbstliebe nicht entbehren mag und ständig bemüht ist, sie in immer neuen Formen der Ich-Idealisierung wiederzugewinnen. In der gleichen Schrift nahm Freud den Begriff des Narzißmus[5] in die psychoanalytische Theorie auf und definierte ihn als die libidinöse Besetzung, die das Ich sich selbst entgegenbringt.

Freuds Theorien zum Narzißmus folgend, spürt Lacan jener ichverhafteten Libido und ihren verhängnisvollen Fallen nach. In seiner frühen Abhandlung *Das Spiegelstadium als Bildner der Ichfunktion*[6] zeigt er in bezug auf Gestaltpsychologie und psychoanalytische Entwicklungslehre auf, daß deren Ursprünge bereits in den ersten Momenten der menschlichen Ichbildung unwiderruflich verankert sind. Schon im frühen Kindesalter (6.-18. Monat) entwirft das in den Spiegel schauende Kind ein imaginäres Bild von der Gestalt seines Körpers. Es antizipiert eine somatische Einheit und identifiziert sich mit dieser, obgleich seine körperliche Kompetenz in diesem Stadium noch sehr mangelhaft und auf weitgehende Hilfe von außen angewiesen ist. Der Blick – und damit die der Motorik weit überlegene visuelle Wahrnehmung – perzipiert die Einheit eines Bildes, die realiter noch fehlt, und setzt sie in Beziehung zum eigenen Körper. Mit »jubilatorischer Geschäftigkeit« begrüßt das sich spiegelnde Subjekt sein visuelles Echo und vergleicht seine noch sehr unbeholfenen eigenen Bewegungen mit denen der Spiegelreflexion.

Dieses kindliche Szenarium ist weit mehr als die Wahrnehmung eines ähnlichen Gegenübers, ist mehr als das Überwältigtwerden von der Form her, das zu einem Erkennen der Gestalt führt[7]: Es ist die triumphale Setzung eines Ideal-Ich, vermittelt durch die Spiegel-Imago, die dem Kind als Garant jener Einheit und Dauerhaftigkeit, jener Präsenz und Omnipotenz dient, die seine körperliche Existenz ihm noch nicht verleihen kann. Diese Setzung der Identität konstituiert sich in Bezug zum eigenen vorgestellten Körper, den das Kind als erlebbare Ganzheit zu erfassen und somit zu beherrschen glaubt.

In einem seiner späteren Seminare beschreibt Lacan das Spiegelstadium folgendermaßen: »Das ist das ursprüngliche Abenteuer, in dem der Mensch zum erstenmal die Erfahrung macht, daß er sich sieht, sich reflektiert und sich als anders begreift, als er ist – die wesentliche Dimension des Menschlichen, die sein ganzes Phantasieleben strukturiert.«[8] Im faszinierenden Spiel zwischen Leib und imaginierter Leiblichkeit entwirft das Subjekt sein Ich als psychische Einheit. Und aus diesem Spiel der Identifizierung wird sich fortan der immense Reichtum an Phantasien entwickeln, die um das Ich des Menschen und seinen Körper ranken.

Schon Freud wies auf den engen Zusammenhang von Körper und Ich hin: »Das Ich ist vor allem ein körperliches, es ist nicht nur ein Oberflächenwesen, sondern selbst die Projektion einer Oberfläche.«[9] Dabei geht er von der Annahme aus, daß das Ich nicht von Anfang an als Einheit existiert, sondern daß es zu seiner Bildung einer »neuen psychischen Aktion« bedarf, die das uranfängliche autoerotische Stadium des Kindes ablöst, um den Narzißmus zu gestalten.[10] Während im ersteren die erregten Partialtriebe unabhängig voneinander nach Befriedigung drängen, fließt im Stadium des Narzißmus dem eigenen Ich – als Prinzip der Einheit – die Libido zu und gestaltet es zum Objekt der Liebe. Die Freudsche Perspektive der Ich-Genese läßt jedoch offen, was unter jener »neuen psychischen Aktion« zu verstehen sei. Erst Lacan definiert diese als das erste Moment der Beziehungsaufnahme mit einem ganzheitlichen Ich auf fundamental narzißtischer Ebene.

Doch in der Verwendung des Begriffs »Ich« begegnet uns bei Lacan eine Differenzierung, die »die Instanz des Ich *(moi)* auf einer fiktiven Linie situiert«[11]. Als solches aber ist das Ich weniger der Funktion des Sich-Erkennens als der eines fundamentalen Verkennens verhaftet. Denn das Ich der Spiegelerfahrung generiert sich auf imaginärer Basis, wie sie jeder Selbstreflexion eignet. Die triumphale Setzung des Ideal-Ich erweist sich als das Gegenteil der zu diesem Zeitpunkt noch völlig mangelhaften körperlichen Befindlichkeit. Die nur antizipierte – nicht aber manifeste – Einheit, die in der Bespiegelung vorstellig wird, läßt das Spiegelstadium zu einem spannungsgeladenen Drama werden, das ein »unbefriedigtes Begehren« hervorruft. »Hier schleicht sich die Ambivalenz eines Verkennens *(méconnaître)* ein, das dem Sich-Kennen *(me connaître)* wesentlich ist. Denn das Subjekt kann sich in dieser Rückschau allein eines Bildes vergewissern, im Moment, wo es ihm gegenübersteht: des antizipierten Bildes, das es sich von sich selber macht in seinem Spiegel.«[12]

Jenes Wechselspiel von Sich-Erkennen und Verkennen, von spiegelverhafteter Faszination und Aggression schildert bereits der römische Dichter Ovid (43 v. Chr. - 17 n. Chr.) im Mythos von Narziß[13]: Sechzehnjährig entdeckt der Jüngling im Gebirge eine noch »unberührte« Quelle. Aus dem Bedürfnis, seinen Durst an derselben zu stillen, »erwächst ihm ein anderer Durst«, ein Begehren nach Liebe, erblickt er doch beim Trinken sein eigenes Bild im Wasser. Von diesem fasziniert, versucht er eins zu sein mit ihm als »Liebender und Geliebter«, als »Ersehnter und Sehnender«, als »Zunder und Flamme«. Schließlich erkennt Narziß, daß die Liebe, die er der Spiegelung entgegenbringt, ihm selbst gilt. In der Faszination dieser Schemen sich findend, verliert er sich aufs neue, denn er sieht sich da, wo er selbst nicht ist. »Mein ist, was ich ersehne«, doch was *mein* ist, zeigt sich als das *andere* und das andere als Alter ego. Das, was Identität zu verbürgen scheint, erweist sich als unerreichbar fremd. Faszination und Aggression bilden den Zirkel dieser instabilen

Beziehung. Narziß' Begehren: »Oh, wenn ich doch von dem eigenen Leib mich zu trennen vermöchte!« deutet die in dual-imaginärer Erstarrung fixierte Rivalität mit sich selbst an. Eine Lösung bzw. Erlösung scheint ihm nur in der Vernichtung des *einen* – sich selbst – möglich, obwohl er weiß, daß diese auch den Tod des *anderen* fordert: »Doch jetzt sterben wir beide, vereinigt in einzigem Hauche.«

Die von Ovid aufgegriffene Spiegelproblematik existiert in allen Epochen der Literatur und findet vor allem in den Schriften des 19. Jahrhunderts vertiefte Aufmerksamkeit. Kleists Spiegelepisode *Über das Marionettentheater* (1810), F. M. Dostojewskis *Der Doppelgänger* (1846) und O. Wildes *Das Bildnis des Dorian Gray* (1890) stehen beispielhaft als Dokumente jener restringierten (Inter-)Subjektivität, die im Chaos der Selbst- und Fremdzuwendung gefangen bleibt und ihr Ende im Fiasko findet. Daß die Literatur seit Beginn des 20. Jahrhunderts das Medium bildet, in welchem sich die Problematik der Identität von Selbigkeit und Andersheit niederschlägt, kann angesichts eines Subjekts, das im Widerspruch zu einer Gesellschaft steht, die ihm ihr Modell von Identität aufdrängt, nicht wundern.

Auf philosophischer Ebene ist es Hegel, der die Dialektik von Konstitution und Unterwerfung, von Herrschaft und Knechtschaft, besonders eindrucksvoll thematisiert. Im 4. Kapitel seiner 1807 erschienenen Schrift *Phänomenologie des Geistes*[14] zeigt er auf, daß das menschliche Selbstbewußtsein eine »gedoppelte Bedeutung« hat. Zunächst verliert es sich, denn es findet sich als »anderes Wesen« vor, dann aber hat es damit das andere aufgehoben, da es das andere nicht als Wesen sieht, »sondern *sich selbst* im Anderen«. Diese Bewegung des Selbstbewußtseins in der Beziehung auf ein anderes Selbstbewußtsein begreift Hegel als »Begierde« nach Anerkennung, die jedoch nicht befriedigt werden kann, da dem »Tun des Einen« gleichwohl dasselbe »Tun des Anderen« gegenübersteht. Indem sich aber die »Begierde« des einen auf die »Begierde« des anderen richtet und somit zur Begierde nach der Begierde des anderen wird, kann diese Beziehung nur brüchig bleiben, da jeder versucht, das Anderssein des anderen aufzuheben, um sich selbst in ihm zu gewinnen. So scheint – wie im Mythos von Narziß – der aus der Koexistenz von Selbständigkeit und Unselbständigkeit, von Herrschaft und Knechtschaft resultierende Konflikt nur im Tod des einen seine Lösung zu finden.

Lacan, dessen Ausarbeitung der Spiegeltheorie in die Zeit eines intensiven Studiums bei dem französischen Hegel-Interpreten A. Kojève fällt, greift die Hegelsche Dialektik der Begierde auf und bringt sie in Zusammenhang mit dem Spiegelstadium: »Dieser Augenblick [des Spiegelns] läßt auf entscheidende Weise das ganze menschliche Wissen in die Vermittlung durch das Begehren des andern umkippen.«[15] Auch an zahlreichen Stellen seines späteren Werkes wird Lacan nicht versäumen, im Rückblick auf seine frühe Spiegeltheorie »das fundamentale Hegelsche Thema in Erinnerung zu rufen – das Begehren des Menschen ist das Begehren des anderen. Es ist genau das, was in dem Modell durch den ebenen Spiegel ausgedrückt wird [...]. [Es ist] jenes Drehmoment, das in der Entwicklung dort erscheint, wo das Individuum aus seinem eigenen Bild im Spiegel, aus sich selbst, eine triumphale Übung macht. Wir können durch bestimmte Korrelationen seines Verhaltens verstehen, daß es sich dabei zum ersten Mal um ein antizipiertes Ergreifen der Herrschaft handelt.«[16]

In der Spiegelverhaftung übernimmt das Ideal-Ich die Rolle des Herrschers. Es setzt sich scheinbar autonom und negiert, daß das, was sich im Spiegelbild als Ich präsentiert, nur das Produkt einer Re-Präsentation ist. Das Subjekt aber wähnt sich als Knecht, der im Bild seiner Einheit den Herrn zu finden glaubt.

Was es jedoch tatsächlich in diesem Zirkel des »Ich ist ein anderer« vorfindet, »ist vorerst eine Reihe von ambivalenten Ebenen, von Entfremdungen seines Begehrens – eines Begehrens, das noch zerstückelt ist«[17].

Manifestationen dieses zerstückelten Begehrens zeigen sich in den um den eigenen Körper rankenden Phantasien und Träumen, die besonders in der Analyse von Psychosen auftreten. Sie richten sich auf Teilstücke des Körpers in Form losgelöster Glieder, halbierter Leiber oder ausgerissener Organe – wie sie Hieronymus Bosch (1460-1516) in seinen Bildern der Entleibung, der Verstümmelung, der Dissoziation, des Masochismus und der Kastration festgehalten hat. Diese Bilder symbolisieren die Bedrohung der Lebendigkeit des eigenen Leibes, die dann zunichte werden muß, wenn der eigene Leib zum leblosen Ding herabsinkt.

Freuds Libidotheorie wies darauf hin, daß sich die autoerotischen Partialtriebe der frühkindlichen Sexualität erst organisieren müssen, bevor sie in ein reifes Begehren münden. Melanie Klein spricht in diesem Zusammenhang von der »paranoiden« Phase, in der das Partialobjekt (v. a. die Mutterbrust) in einen »guten« und einen »bösen« Anteil aufgespalten wird. Diese Spaltung bezieht sich nicht nur auf die Gewährung bzw. Versagung der mütterlichen Brust, sondern vor allem darauf, daß das Kind seine Liebe *oder* seinen Haß auf sie projiziert. Die Fähigkeit, das Objekt als Einheit zu erleben, das gut *und* böse sein kann, ist noch nicht erreicht, es kann für das Kind lediglich das eine oder das andere sein.

Das Spiegelstadium, in dem das imaginäre Ich im Wunsch nach leiblicher und psychischer Einheit jene Brüchigkeit zu kaschieren sucht, wäre somit als Reaktion auf diese »zerstückelten« Phantasien zu verstehen. Doch indem es seine Begierde auf die Begierde des anderen richtet, tritt jene voller List steckende

Ambivalenz der Beziehung zwischen *gut* und *böse, Ich* und *Du, Herr* und *Knecht* erneut zutage. So führt die Jagd zwischen dem Ich und dem anderen bis auf den Grund jener suizidalen Aggression, wie wir sie im Mythos von Narziß beschrieben fanden. »Dies Der-eine-oder-der-andere, das ist die depressive Wiederkehr der zweiten Phase bei Melanie Klein; es ist die Figur des hegelschen Mords.«[18]

Diese radikale Formulierung Lacans will darauf hinweisen, daß es eine tiefe Differenz zwischen der Bedürfnisbefriedigung an einem Objekt im Sinne eines »Für-mich-seins« und der Erfüllung des Begehrens im Sinne des »Seins-für-andere« (Hegel) gibt. Erst fast zwei Jahrzehnte nach der Spiegelabhandlung diskutiert Lacan den Begriff des Begehrens (désir) – dem unser 3. Kapitel gelten wird – eingehend im Zusammenhang mit seiner strukturalistischen Sprachbetrachtung. Doch bereits in der frühen Spiegeltheorie scheint ihm jene Hegelsche Figur, die in den ausweglosen Zirkel von Konstitution und Unterwerfung führt, die sich stets wiederholende Antwort auf einen »ursprünglichen« Mangel zu sein. Diesen sieht er in der genetischen Entwicklung des Menschen begründet:

»Diese Entwicklung wird erlebt als eine zeitliche Dialektik, welche die Bildung des Individuums entscheidend als Geschichte projiziert: das *Spiegelstadium* ist ein Drama, dessen innere Spannung von der Unzulänglichkeit auf die Antizipation überspringt und für das an der lockenden Täuschung der räumlichen Identifikation festgehaltene Subjekt die Phantasmen ausheckt, die, ausgehend von einem zerstückelten Bild des Körpers, in einer Form enden, die wir in ihrer Ganzheit eine orthopädische nennen könnten, und in einem Panzer, der aufgenommen wird von einer wahnhaften Identität, deren starre Strukturen die ganze mentale Entwicklung des Subjekts bestimmen werden. So bringt der Bruch des Kreises von der *Innenwelt* zur *Umwelt* die unerschöpfliche Quadratur der *Ich*-Prüfungen (récolements du *moi*) hervor.«[19]

Den Bruch zwischen Innenwelt und Umwelt führt Lacan auf die »Vorzeitigkeit« der menschlichen Geburt zurück: Der Mensch wird – im Gegensatz zum Tier – zu früh geboren und ist damit einer »ursprünglichen Zwietracht« ausgesetzt. Mit dieser Annahme steht Lacan in einer anthropologisch-psychoanalytischen Tradition: Erstere stützt sich auf die physiologisch-biologische Erkenntnis der menschlichen Mangelhaftigkeit und seiner Nicht-Angepaßtheit an die Umwelt[20], letztere leuchtet das psychische Spannungsfeld von der Geborgenheit fötalen Lebens über das Trauma der Geburt, die Hilflosigkeit und Abhängigkeit des Neugeborenen bis hin zum Erleben und Erkennen des eigenen Körpers aus.[21]

Lacan kann es jedoch nicht darum gehen, die Bildung des Ich rein entwicklungsgeschichtlich zu begründen. Obgleich seine frühe Theorie das genetische Moment in den Vordergrund rückt, geht es ihm weniger um das Problem des Ursprungs als um jene ambivalente Struktur, die das Sein des Menschen bestimmt und die ein ganzes Leben lang von diesem eine permanente Antwort zu erheischen sucht. Um diese Struktur zu verdeutlichen, entwarf er die Spiegeltheorie, deren wesentliche Punkte hier noch einmal festgehalten werden sollen:

1. Das Sich-selbst-Hervorbringen des Ich trägt den Charakter des Imaginären und ist insofern narzißtischer Art, als es der Illusion des Eins-sein-Wollens mit sich selbst als einem anderen unterliegt. In Anlehnung an den Freudschen Begriff des Ego bezeichnet Lacan dieses Ich als »moi« und differenziert es vom »je« als dem wahren Subjekt des Menschen.
2. Das Ich (moi) ist Ort imaginären Erkennens, das zugleich Verkennen ist, Bewegung eines Erschließens, das in spiegelverhafteter Geschlossenheit bleibt, Verbürgung und Täuschung. Es antizipiert das Bild seiner Autonomie, um gleichzeitig an der Differenz von fiktiv-imaginärer Einheit und

faktischer Abhängigkeit eine Entfremdung zu erfahren. Ovids »Narziß« und Hegels »Dialektik des Selbstbewußtseins« zeigen deutlich die prinzipielle Unmöglichkeit der Spiegelung des Ich im anderen.

3. Das Spiegelstadium stellt die Matrix aller identifikatorischen Prozesse dar. Wenn Lacan die Spiegelfixierung als das dominierende Moment der frühkindlichen Ichbildung beschreibt, so erschöpft sich dieser Prozeß keineswegs in dem Instrument Spiegel. Vielmehr steht der Spiegel als Modell für die Deskription einer imaginären Intersubjektivität. Er verdeutlicht den narzißtischen Charakter menschlicher Selbstfindung, insofern diese der Illusion des Eins-sein-Wollens mit sich selbst als einem anderen unterliegt. Eine Anstrengung, die ebenso notwendig wie vergeblich bleibt.

Das Spiegelerlebnis stellt als »exemplarische Situation« die »symbolische Matrix« dar, »an der das Ich (je) in einer ursprünglichen Form sich niederschlägt, bevor es sich objektiviert in der Dialektik der Identifikation mit dem andern und bevor ihm die Sprache im Allgemeinen die Funktion eines Subjektes wiedergibt«[22]. Diese Aussage Lacans ist von großer Wichtigkeit, denn sie benennt jenes andere Ich (je), das sich im Spiegelstadium unbemerkt niederschlägt – vom narzißtischen Ich (moi) gleichsam wie von einem Kokon verhüllt. Sie deutet aber darauf hin, daß die Entwicklung des Ich nicht einem sich selbst genügenden Erleben entspringt, sondern nur verstanden werden kann im psychosozialen Kontext. Denn die Spiegelbeziehung verbliebe in einer Erstarrung, die – dem Teufelskreis von Faszination, Rivalität und Aggression ausgesetzt – ihren Ausweg nur in der Gewaltanwendung fände, gäbe es nicht einen Ort jenseits der dual-imaginären Identifikation, der die Trennung von der augenblicklich verhafteten Präsenz ermöglichen würde. Hier kann das Ich als »je«, als wahres Subjekt, zum Tragen kommen.

Diesen Ort bezeichnet Lacan als »Ort der Sprache«, der wechselseitige Anerkennung unter Verzicht auf den eigenen Narzißmus möglich macht. In der Sprache kann das Wort des einen *auch* das Wort des anderen sein.

Die frühe Forschung Lacans gilt noch nicht einer tieferen Bestimmung jenes anderen Ich als »je«. Sie nimmt auch das hier bereits angeklungene Thema »Sprache« bzw. »symbolische Ordnung« – Schwerpunkt der späteren Schriften – nicht näher auf. Sie konzentriert sich vor allem auf die Ausarbeitung der Struktur des Ich und des Imaginären. Ihr Interesse ist es, den »Fallen der Eigenliebe« nachzuspüren, in denen das sich seiner selbst bewußte Ich (moi) gefangen bleibt.

In diesem Sinne wendet sich Lacan nicht nur gegen die philosophische Tradition, die das Ich bzw. Selbstbewußtsein als Wesen des Subjekts begreift, sondern auch und vor allem gegen die Philosophie seiner französischen Zeitgenossen und Kontrahenten, insbesondere gegen die Existenzphilosophie J.P. Sartres. Lacan wirft dieser vor, daß sie zwar an eine »existentielle Negativität« gerührt habe, sich jedoch in »subjektiven Sackgassen« verfange, da sie »in den Grenzen bewußtseinsmäßiger *self*-Genügsamkeit bleibt, die, weil sie bereits in ihre Voraussetzungen eingeschrieben ist, die Illusion der Autonomie – der sie sich überläßt – verkettet mit den konstitutiven Verkennungen des *Ich* (moi)«[23]. Nach Lacan schließt jene Auffassung, die im Ich das Vermögen zur Synthese der Beziehungsfunktionen[24] des Individuums zu erkennen glaubt, die eigentliche Geschichtlichkeit des Subjekts geradezu aus. Das Subjekt läßt sich keinesfalls auf eine lineare Genese von Identität und Bewußtsein reduzieren, hat es doch seinen »wahren« Ort im Unbewußten.

Dieser Angriff Lacans, der das Subjekt und seine Geschichtlichkeit de-zentriert, wurde zu einem der schärfsten Kritikpunkte seiner Gegner. Sie konterten ihrerseits, indem sie dem strukturalen Denken die »Auflösung der Ich-Identität«, das »Ende der Geschichte«, das »Verschwinden des Menschen als denkendes und seiendes Wesen« und nicht zuletzt den »Tod des Subjekts« vorwarfen. Lacan geht es jedoch nicht um die Zerstörung von Geschichtlichkeit und Subjekt. Er greift nicht die Geschichte schlechthin an, sondern deren metaphysischen Begriff, der sie mit dem Subjekt im Sinne der Identität des Selbstbewußtseins gleichsetzt.

So nimmt es nicht wunder, daß Lacans Entdeckung der imaginären Struktur des Ich als Stachel im Fleisch all jener Denkrichtungen, Doktrinen und Ideologien empfunden werden muß, die verkünden, was Lacan in Frage stellt: Autonomie, Autarkie und Selbstverwirklichung – Schlagworte, die dem Narzißmus eines jeden Individuums schmeicheln, suggerieren sie doch just das, was ihm realiter mangelt. Aber gerade auf diesem Feld erlangt Lacans Spiegeltheorie m. E. gesellschaftspolitische Relevanz. Denn sie stellt die Möglichkeit bereit, die Wirkungsweisen identitätsverheißender Formationen zu entlarven.[25] Deren Effekt beruht darauf, daß sie dem Subjekt ein Zentrum (Idee, Führer, Objekt) bereitstellen, in dem es sich spiegeln bzw. mit dem es sich identifizieren kann. Durch die Auszeichnung von Geschlossenheit und in Verharmlosung von Widersprüchlichkeiten verheißen sie Sinnstiftung und Kontinuität. Damit erwecken sie jene Faszination, die dem Individuum zum einen ein Gefühl von Selbstvergessenheit verleiht und zum anderen das Erlebnis einer identifikatorischen Teilhabe an Vollkommenheit und Einheit vermittelt. Was bereits S. Freud in seiner Schrift *Massenpsychologie und Ich-Analyse*[26] ausarbeitete, gilt nicht weniger für die Massenformationen unserer Zeit. Nicht ohne Grund ist das in der technisch hochentwickelten Gesellschaft lebende Subjekt auf der ständigen Suche nach Einheit und Ganzheit, unterliegt es doch einer Isolierung und Atomisierung, die bedingt, daß es verschiedenste Identitäten lebt. Zum anderen aber fordert der Gesellschaftskodex, daß es sich nicht nur als Zentrum seiner Willensentscheidungen zu denken hat, sondern daß es auch als selbstverantwortliches Individuum entsprechend handeln muß. Die reale Zerrissenheit kaschierend, tendiert das Subjekt zunehmend dazu, sich auf der Ebene des Imaginären zu situieren, um sich qua kollektiver Identifikation an einem Ideal, Idol bzw. einer Ideologie zu stabilisieren, die seinem Mangel an Sein entgegenkommt.

Zutiefst erkannte Freud den Preis, den das Subjekt dafür zu entrichten hat: Es ersetzt sein Ich-Ideal – jene kritische Instanz, die über die Funktionen der Selbstbeobachtung und des Gewissens wacht – durch ein »idealisiertes Objekt«, dem es sich in kritikloser Zuwendung »selbstlos« unterwirft. Lacan entlarvt den Ausschlußmechanismus dieses Pakts: Das nach Einssein mit seinem scheinbaren Selbstbild strebende Subjekt verschreibt sich nicht nur dem Zwang, beständig die Flamme seiner Faszination zu entfachen, sondern auch alles Identitätsbedrohende von dieser Faszination fernzuhalten. Da, wo das »Ich« sich selbst zu finden glaubt, hat das »Du« im Sinne des nicht dazugehörenden anderen keinen Platz mehr. Hier stoßen wir abermals auf die Devise »Du *oder* Ich«, die ihre fatalste Auswirkung im Denken Hitlers und in der Politik des Faschismus erreichte, die unter dem Schlagwort »*Ein* Volk, *ein* Reich, *ein* Führer« sich all jener entledigte, die dieser Einheitlichkeit im Wege standen.

»Du *oder* Ich« – das ist auch die sozialdarwinistische Lebensweisheit, die uns der tägliche Existenzkampf verkündet; desgleichen findet sich diese Maxime in den Massenmedien, die uns unentwegt ein Spiegelkabinett omnipotenter Helden feilbieten, welche uns zeigen, wie wir die Probleme der Realität und den Kampf ums Dasein zu meistern haben. (Nebenbei sei bemerkt, daß sie uns auf dem Feld einer perfektionierten Werbungsstrategie nicht nur kontinuierlich Vollkommenheit verheißen [»die vollkommene Hausfrau«, »der selbstbewußte Mann« etc.], sondern dieselbe genauso kontinuierlich zerstückeln, indem sie auf immer neue Mängel hinweisen bzw. Mängel produzieren, die unserer Selbstverwirklichung noch im Wege stehen.) Nicht zuletzt lag die Devise »Du *oder* Ich« dem sinnlosen Wettrüsten der Supermächte zugrunde, die im Namen des Friedens zum eventuellen Kampf gegen den potentiellen Feind in Propaganda und Waffentechnik mobilisierten.

Beenden wir nun den Exkurs zum Phänomen Massenpsychologie, der den Versuch unternahm, die Spiegeltheorie auf die Ebene kollektiven Verhaltens zu transformieren, und stellen an Lacan die Frage, wie das narzißtische Ich (moi) dem »Teufelskreis« imaginärer Spiegelbeziehungen entkommen und zu seiner eigentlichen Geschichtlichkeit bzw. zu seinem »wahren« Ich (je) gelangen kann.

2. Das Symbolische – »Das Unbewußte ist strukturiert wie eine Sprache«

Lacans spätere Schriften geben die Antwort auf die Problematik des »wahren« Ich. In bezug auf Freud, der im Es den eigentlichen »Kern unseres Wesens«[1] sah, postuliert Lacan: Da, wo Es spricht, befindet sich das »wahre« Subjekt als Subjekt des Unbewußten und nicht des Selbstbewußtseins, als Subjekt der Äußerung und nicht des Geäußerten, als Subjekt des Symbolischen und nicht des Imaginären.

In der *Traumdeutung* eröffnete sich für Freud die »via regia« zum Unbewußten, dem anderen Ort, der jenseits der bewußten Erkenntnis liegt und sich in Träumen, Symptomen und Witzen manifestiert, gewissermaßen in den Lücken und Leerstellen des Sprechens. Freud war davon überzeugt, daß es keine sinnlose Rede gibt. Den scheinbaren Un-Sinn der manifesten Rede zu entschlüsseln und die unbewußten Bedeutungen aus ihrer Latenz zu befreien – darum ging es ihm in der Analyse. Heißt dies aber nicht, das Unbewußte ins Bewußtsein zu heben bzw. das Es dem Ich zuzuführen? In Freuds Schrift *Neue Folge der Vorlesungen zur Einführung in die Psychoanalyse* findet sich eine markante Aussage, die dies zu bestätigen scheint: »Wo Es war, soll Ich werden.«[2] Auf diese Maxime stützte sich die psychoanalytische Arbeit seiner Nachfolger, die das Es als jenes Irrationale begriffen, das – von seinen Verstrickungen befreit – der Herrschaft eines rationalen und mündigen Ich zu unterstellen sei.

Damit aber kann Lacan nicht einverstanden sein, sagt er doch in seiner Lehre eben dieser Herrschaft den Kampf an, indem er ihre imaginäre Basis bloßlegt. Also befragt er Freuds berühmte Aussage:

»Wo Es war ... was heißt das? War es nur das, was einmal gewesen ist (im Aorist), wie sollte ich dann dorthin kommen, um mich werden zu lassen, indem ich es jetzt aussage?

Das Französische sagt aber *Là où c'était* ... nutzen wir den Vorteil, den es uns mit diesem distinkten Imperfekt bietet. Da, wo Es im Augenblick noch war, wo Es gerade noch war, zwischen diesem Erlöschen, das noch nachleuchtet, und jenem Aufgehen, das noch zögert, kann Ich zum Sein kommen, indem ich aus meiner Aussage verschwinde.

Ein Aussagen, das sich anzeigt, eine Aussage, ein Ausgesagtes, das sich verleugnet, ein Nichtwissen, das sich zerstreut, eine Gelegenheit, die vorübergeht – was bleibt hier wenn nicht die Spur von etwas, das wohl sein muß, wenn es aus dem Sein fallen soll!«[3]

Lacans Deutung, die seinen eigenwilligen Umgang mit der Doppeldeutigkeit der Worte verdeutlicht, rückt das Verhältnis von Ich und Es in ein neues Licht, indem sie zunächst auf die sprachliche Natur beider abhebt. Das »wahre Subjekt«, von Lacan als »je« oder als »sujet de l'inconscient« bezeichnet, ist irreflexiv und behält eine exzentrische Position gegenüber dem »moi«, welches in der von Eigenliebe beherrschten Intersubjektivität das »je« zu kaschieren sucht. Wie wir bereits wissen, schlägt das »je« sich schon im Spiegelstadium nieder – gleich einer Spur, die aus dem (bewußten) Sein fällt. Deshalb kann es nicht sprachlich direkt, sondern nur in der unbewußten Anonymität eines »Es spricht« ausgedrückt werden. Nach seinem Wesen befragt, ordnet Lacan ihm die Seinsweise der Exzentrizität bzw. der »ex-sistence« zu. Als solchem aber können wir ihm kein eigentliches Wesen zuschreiben. Denn wie wir es auch immer benennen, wir verfehlen sein Zentrum, sein Sein. Als Subjekt des Unbewußten ist das »je« nie unmittelbar präsent. Es kann nur nachträglich – gleichsam bei seinem eigenen Verschwinden – zum Sein kommen. »Das Unbewußte *ist* ein Begriff, entstanden auf der Spur jenes Tuns, das das Subjekt konstituiert«[4], definiert Lacan und bringt damit zum Ausdruck, daß das Subjekt nie ganz zu sich selbst finden kann, da die Geschichte seines »Tuns« weder jemals abgeschlossen noch abzuschließen ist. Nicht die bestimmte Vergangenheit noch das Perfekt bestimmen seine Geschichtlichkeit, sondern das »futur antérieur«, die zweite Zukunft im Sinne dessen, was das Subjekt gewesen sein wird, für das, was es dabei ist zu werden.

Aufgrund dieser zeitlichen Struktur läßt sich die Geschichte des Ich nicht als das aus dem Unbewußten entstehende Selbstbewußtsein ableiten. Wie sollte ich dann dorthin kommen – zum »Aorist«*, fragt Lacan. Das hieße nichts anderes, als die idealistische Position einzunehmen, in der am Ende das Selbstbewußtsein steht, das alles Vergangene als seinen eigenen noch undurchschauten Inhalt begreift.[5] – Mehr noch: Wenn das sich seiner selbst bewußte Ich (moi) nicht nur der imaginären Spiegelverkennung, sondern auch der Verkennung seiner Geschichtlichkeit unterliegt, kann es nicht Forderung analytischer Praxis sein, das Es durch das Ich zu ersetzen. Was Lacan fordert, ist geradezu das Gegenteil: Das Es im Sinne von »Es spricht« ist die Dimension, die es zu enthüllen und zu erschließen gilt, damit sich das Subjekt von dieser Exzentrizität her als ein seiendes und sagendes verstehen und erleben kann.

Wie aber kann das Unbewußte, das nie unmittelbar präsent ist, das nur aus Spuren zu erschließen ist, jemals zum Sprechen kommen? Und wie soll dieses »Es spricht«, das sich der Sprache entzieht, je faßbar sein? Wie kann – mit Freud gesprochen – durch das Manifeste und Offenkundige das Latente und Verborgene durchscheinen?

* Griech. = erzählende Zeitform der unbestimmten, abgeschlossenen Vergangenheit.

Die Lösung dieses Problems scheint Lacan mit Hilfe der strukturellen Linguistik möglich zu sein. In der Einleitung erwähnten wir bereits den Sprachwissenschaftler F. de Saussure[6] und stellten fest, daß sein Interesse weniger der Entwicklung der Sprache (Diachronie) als der Sprachstruktur (Synchronie) galt. Vor dem Hintergrund der »langage«, der allgemeinen Sprachfähigkeit, differenzierte er zwischen der »parole« (Sprechen) als der jeweiligen individuellen Sprachaktualisierung und der »langue« (Sprache) als kollektivem Relationssystem. Unser Blick wird nun letzterer gelten, da sich in ihr Gesetzmäßigkeiten abspielen, denen jeder, der spricht, unterworfen ist.

Die Sprache ist keine Substanz, sondern eine Form! Was sie als solche auszeichnet, sind ihre Zeichen, die in differentieller Beziehung zueinander stehen. Das einzelne Zeichen (signe) besteht aus dem Signifikat (Bezeichneten) und dem Signifikant (Bezeichnenden). Auf der Seite des Signifikats erkennt man den Begriff bzw. die Vorstellung dessen, was es bezeichnet; auf der Seite des Signifikanten das Lautbild. Das Zeichen ist in seiner formalen Struktur durch zwei Grundeigenschaften charakterisiert: Zum einen ist es arbiträr, d.h., die Assoziation von Signifikat und Signifikant ist in sich beliebig, unmotiviert, da keine natürliche Zusammengehörigkeit zwischen beiden besteht; zum anderen zeichnet es sich aus durch Linearität, d.h., daß das Signifikante als etwas Hörbares eine eindimensionale, zeitliche Ausdehnung besitzt, in der die akustischen Bezeichnungen nacheinander auftreten und so eine Linie bzw. Kette bilden. Das einzelne Zeichen hat keinen positiven Charakter. Vielmehr ist es durch seine Beziehung zu anderen Zeichen, durch negative Abgrenzung zu ihnen, gekennzeichnet. Die Eigenschaft des Zeichens liegt also darin, etwas zu sein, was die anderen nicht sind.

Bereits hier lassen sich wesentliche Kriterien der Sprache erkennen:

- Die Zeichen bilden keine von vornherein gegebenen Ideen oder Dinge ab, sondern stellen Werte dar, die sich bestimmen aus der Stellung im Gesamtsystem. (Vergleichbar etwa dem König beim Schachspiel, der für sich allein betrachtet nichts wert ist. Er erhält erst Geltung innerhalb des Systems des Spiels. Ganz gleich, aus welchem Material er ist und welche Form er hat, verkörpert er seinen Wert erst in der Differenzierung zu den anderen Figuren.)
- Die Sprache geht nicht von einer ihr vorgeordneten Wirklichkeit aus, sondern wird bestimmt durch das Prinzip der Differenz, das jede Möglichkeit der Präsenz und Identität – sei es des Sinnes, des Objekts oder des Subjekts – erst *nachträglich* entstehen läßt.

Dieser Sprachstruktur unterliegt jedes Subjekt. Obwohl ihm die Gesetzmäßigkeiten der Sprache in weitem Maße unbewußt sind, erstreckt sich doch die Macht ihrer Effekte über sein Bewußtsein. Daß dies nicht nur für die gesprochene bzw. geschriebene Sprache gilt, sondern auch für andere soziale Systeme, das zeigten in der Nachfolge von de Saussure vor allem C. Lévi-Strauss in seinen Analysen der Verwandtschaftsbeziehungen, Mythen und Riten, M. Foucault in seiner Archäologie der Geschichte, die die gesetzmäßige Ordnung kollektiven Denkens freizulegen suchte, und R. Barthes, der sich dieser Thematik auf dem Gebiet der Literatur widmete. Die Ordnung der Sprache bzw. die symbolische Ordnung sozialer Systeme zu ergründen, das ist das Ziel jeglicher strukturalistischer Tätigkeit. »Der Mensch spricht also, aber er tut es, weil das Symbol ihn zum Menschen gemacht hat«[7], formuliert Lacan und betont damit, daß das Werden und Sein des Menschen fundamental in einem symbolischen Universum verankert ist. Denn erst im Auftauchen des Symbols – ob als Sprachzeichen oder sprachanaloges Zeichen – wird Natur negiert und kulturelles Leben gestiftet.

Voraussetzung für die Symbolbildung ist jedoch eine Neutralisierung des Zeichens (Signifikanten) in seiner Beziehung zur bezeichneten Sache (Signifikat), dergestalt, daß das Zeichen nun nicht mehr die Sache selbst, sondern eine *Relation*, einen symbolischen Vertrag konstituiert. Eben darin liegt die Wurzel des Symbols, daß es sich aus der Verkettung mit der bezeichneten Dinglichkeit löst, doppel- und mehrdeutig werden kann. »Das symbolische System ist großartig verschlungen [...] jedes noch so leicht isolierte linguistische Symbol ist nicht bloß der Gesamtheit verhaftet, sondern überschneidet sich mit ihr und konstituiert sich durch eine ganze Serie von Zuflüssen, von gegensätzlichen Überdeterminierungen, die es in mehreren Bereichen zugleich situieren.«[8]

Welchen Sprachmechanismen muß dieses System gehorchen, um jene Effekte hervortreten zu lassen? Nach welchen lexikalischen und grammatikalischen Regeln sind die Zeichen untereinander verknüpft? Mit dieser Frage tritt Lacan an die Sprachbetrachtungen F. de Saussures heran und unterzieht sie einer kritischen Prüfung. Ohne hier im einzelnen auf die Komplexität seiner erweiterten und modifizierten Sprachtheorie eingehen zu können[9], sollen die entscheidenden Konsequenzen, die er aus de Saussures Analysen zieht, verdeutlicht werden.

Die Unterscheidung von Signifikant und Signifikat aufnehmend, dreht Lacan das Verhältnis zwischen beiden um: Das Saussuresche s/S (Signifikat über dem Signifikant) wird bei ihm zu S/s (Signifikant über dem Signifikat), um die Vorrangstellung des Signifikanten S gegenüber dem Signifikat s zu verdeutlichen. Weiterhin sind beide getrennt durch eine Schranke, welche auf die Freudsche »Zensur« (Verdrängung aus dem Bewußtsein) hindeutet. Warum die Betonung des Signifikanten? Zum einen will Lacan damit ausdrücken, daß die Funktion des Signifikanten nicht darin bestehen kann, das Signifikat zu repräsentieren. F. de Saussure, der das Zeichen (Signifikat/Signifikant) als konkretes Element der Sprache begriff und letztere als geschlossenes System von Gegensätzen, sah im Signifikat letztendlich das Element, welches das System schließt. Lacan aber geht es um mehr. Er will zeigen, daß gerade das relativ Bedeutungslose das eigentlich Effektive sein kann: das, was zählt und nicht erzählt; das, was das Subjekt sprechend macht, und nicht das, was es sprachlich intendiert; das, von dem es erhascht wird, und nicht das, was es zu erhaschen sucht. Nicht darin liegt der Effekt des Signifikanten, daß er Inhaltsschwere besitzt oder an sich Bedeutung hat, sondern einzig und allein in seiner Verweisung auf etwas anderes, das seinerseits ein Signifikant ist. Es ist also der Signifikant, der das Spiel der Differenzen bestimmt. Die Gesamtheit der Signifikate enthält erst dann Kohärenz, wenn sie sich an das Netz der Signifikanten anhängt, »die sich zusammensetzen nach den Gesetzen einer geschlossenen Ordnung [...]: Ringe, die in einer Kette sich in den Ring einer anderen Kette einfügen, die wieder aus Ringen besteht«[10]. Dies kann aber nur bedeuten, daß die Sprache weder als Repräsentation noch als Instrument, mit denen eindeutige Sinnartikulierung möglich ist, gedacht wird. Sie ist vielmehr eine differentielle Artikulation[11], in der der Sinn – das Signifikat – immer ein nachträgliches Produkt darstellt, das aus der Bewegung und Wirksamkeit des Signifikanten hervorgeht.

Wir sehen schon jetzt deutlich, worum es Lacan geht: um die Wirkungen des Signifikanten bzw. der Signifikantenkette. Dies geschieht nicht ohne Grund, handelt es sich doch hier um eine aus der psychoanalytischen Erfahrung gewonnene Dimension. Wenn dort das neurotische »Symptom zugleich Symbol eines abgestorbenen Konflikts ist und darüber hinaus eine Funktion in einem gegenwärtigen, *nicht minder symbolischen* Konflikt besitzt«, wenn der Text der Assoziationen der »wachsenden Verästelung einer Linie von Symbolen« folgt, »um an den Punkten, an denen die sprachlichen Formen sich überschneiden, die Knoten ihrer Struktur zu ermitteln –, dann ist bereits vollkommen einleuchtend, daß das Symptom [...] selbst wie eine Sprache strukturiert ist«[12].

Hinterfragen wir deshalb die Struktur der Signifikantenverkettung genauer und suchen jenen Verästelungen und Knotenpunkten näherzukommen, um – mit Lacan gesprochen – das Wirkungsfeld auszuleuchten, »das der Signifikant konstituiert, damit der Sinn darin Platz habe«[13].

Abermals greifen wir zunächst auf de Saussure zurück, der zwei grundlegend verschiedene Dimensionen der Sprache unterschied: die Syntagmatik und die Paradigmatik. Die syntagmatische Ebene betrifft die lineare Verkettung oder Aneinanderreihung von Zeichen zu Sätzen (Kombination von Zeichen). In ihr wird eine Beziehung zwischen den jeweiligen Gliedern »in praesentia« hergestellt. Sie bildet die Achse der grammatikalischen Wortverknüpfung. Die paradigmatische Ebene dagegen meint die Auswahl eines Zeichens aus der Vielzahl bedeutungsähnlicher Zeichen. Diese semantische Seite der Sprache beruht auf Assoziationsbeziehungen, deren Glieder sich »in absentia« mit einer möglichen Gedächtnisreihe verbinden.

Der Phonologe R. Jakobson[14] nimmt diese Polarität der Zeichenkette auf und betrachtet sie im Licht der Rhetorik bzw. Stilistik. Die syntagmatische Ebene, die den Mechanismen der *Kombination* und *Kontextbildung* gehorcht, scheint ihm für die Bildung der *Metonymie*, die in der prosaischen Sprache vorherrscht, zuständig zu sein. Diese stellt sich dadurch her, daß ein Zeichen mit einem anderen kombiniert wird. Dies kann durch eine *Wort-für-Wort-Verknüpfung* geschehen (z.B. Bonn = Bundesregierung) oder auch dadurch, daß *ein Teil für das Ganze* steht (z.B. er sitzt = er ist im Gefängnis). Zwischen beiden Ausdrücken besteht eine Kontiguitätsbeziehung. – Auf der paradigmatischen Achse, die dem Prinzip der Selektion gehorcht, erkennt Jakobson jene Bildung, die die poetische Sprache auszeichnet: die *Metapher*. Diese entsteht dadurch, daß ein Wort stellvertretend für ein anderes, bedeutungsähnliches, stehen kann, wie wir es z.B. in dem Ausdruck »Mimose« (= empfindsamer Mensch) vorfinden. Weil die Substitution auf dem Prinzip der Ähnlichkeit beruht, spricht man auch von Similaritätsbeziehung.

Folgendes Schaubild mag dazu dienen, diese komplizierten Relationen besser zu verdeutlichen:

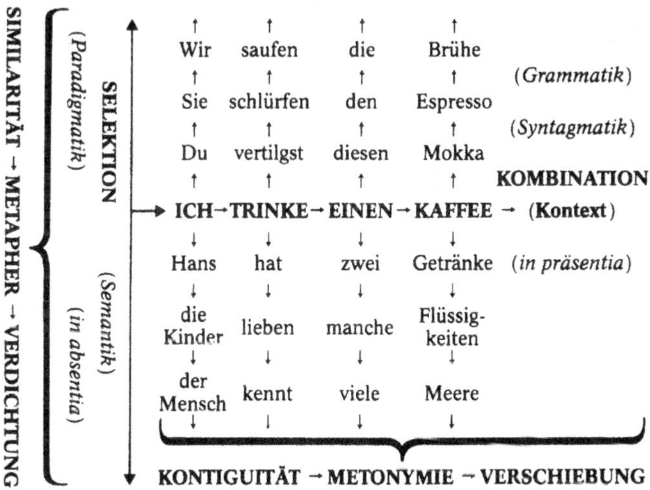

Was Lacan nun in dieser Struktur der signifikanten Kette aufdeckt, sind die Mechanismen des Unbewußten, die Freud bereits in der *Traumdeutung* als *Verschiebung* und *Verdichtung*[15] beschrieben hat und deren Manifestationen uns in den Äußerungen des neurotischen Symptoms, in den Fehlleistungen und Versprechern, nicht zuletzt auch im Witz begegnen. Das linguistische Instrumentarium, das Freud zur sprachwissenschaftlichen Erfassung dieser unbewußt ablaufenden Prozesse noch fehlte, stellt in seiner Nachfolge Lacan bereit. Er sieht in der metonymischen Wort-für-Wort-Verknüpfung die grundlegende Möglichkeit des Subjekts, in der Sprache etwas ganz anderes zu sagen als das, was scheinbar zu Gebote steht. In jenem Gleiten der Bedeutung, das die Metonymie zeigt, erkennt er den Mechanismus der *Verschiebung*, in der Freud das hervorragende Mittel des Unbewußten sah, die Zensur zu überlisten und zwischen den Zeilen zu lesen. Die Verschiebung konstituiert sich also in jenen Bewegungen, die dem Verkettungs- und Kombinationsprinzip der Signifikanten gehorchen, wobei der Signifikant seine metonymische Funktion nur durch den Verweis auf einen anderen – latenten – Signifikanten erfüllen kann. Dieser bestimmt den Schluß der einen Kette, aber auch den Anfang einer anderen. Das Signifikat wird dabei durch die Zensur ausgesperrt.

Ein Wort für ein anderes: das ist die Formel für die Metapher, deren Bedeutung daraus erwächst, daß sie einen Signifikanten durch einen anderen ersetzt. In dieser Struktur der Überlagerung von Signifikanten sieht Lacan die Freudsche *Verdichtung* am Werk. Hier wird der ursprüngliche Signifikant auf die Stufe des Signifikats verdrängt. Dort aber operiert er als latenter Signifikant weiter, und zwar sowohl im Bereich der Signifikate als auch durch seine bestimmte Abwesenheit im Bereich der Signifikantenkette. Die Metapher bewirkt also einen Sinneffekt, indem sie verdrängt, versteckt, verstellt, wobei das Verdrängte latent präsent bleibt im Sinne einer abwesenden Anwesenheit. Damit wird die Metapher zum ausgezeichneten Moment der Beziehung zwischen bewußter und unbewußter Rede.

Vor dem Hintergrund dieser Sprachmechanismen mag nun deutlich werden, wieso Lacan seine zentrale These »Das Unbewußte ist strukturiert wie eine Sprache«[16] vertreten kann, gelingt es ihm doch, in Auseinandersetzung mit der Linguistik nachzuweisen, daß die Gesetzmäßigkeiten und Regeln der Sprache auch in den Bereichen jenseits des Bewußtseins Geltung haben. Lacan kann nicht nur zeigen, daß die Struktur des Unbewußten einer symbolischen Ordnung genügt, sondern er erhellt damit zugleich die wesentlichen Begriffe der Freudschen Metapsychologie.

Mit seiner Neuinterpretation des Unbewußten, das sprachförmig strukturiert und als solches den Möglichkeiten linguistischer Analyse zugänglich ist, verleiht Lacan nicht zuletzt der Psychoanalyse eine linguistisch fundierte wissenschaftliche Form. Mit ihrer Hilfe kann er all jenen Theorien entgegentreten, die das Unbewußte als das Reich des Instinktiven, Animalischen, Irrationalen oder Archetypischen definieren. Er kann jenen hermeneutischen Verfahren Paroli bieten, die qua Verstehen und Erklären hinter der Oberflächenstruktur einen ursprünglichen Sinn zu finden glauben. Nicht zuletzt sagt er damit der zeitgenössischen existentiellen Psychoanalyse, die in die Fußstapfen J.P. Sartres tritt und zugunsten einer Analyse des erlebenden Bewußtseins der Symbolik des Unbewußten skeptisch gegenübersteht, den Kampf an. Er tut dies in der ihm eigenen, emphatischen Weise, geht es ihm doch um die Erschließung jenes »wahren« Subjekts (je), das in der Rede des Unbewußten zur Sprache kommt.

Wenn wir nun – die Erkenntnisse der Sprachtheorie Lacans berücksichtigend – zur Ausgangsproblematik dieses Kapitels zurückkehren, wird erkennbar, warum Lacan das »wahre« Subjekt, das »je«, als »Subjekt des Unbewußten« definiert und ihm die Seinsweise der Ex-zentrizität zuordnet. Denn das in die

Sprache geworfene – und damit dem Spiel der Signifikanten unterworfene – Subjekt läßt sich nicht auf die reflexive Identität des Ich (moi) reduzieren, unterliegt es doch den metonymischen Bewegungen der Signifikantenkette, deren differentielle Natur eine doppelte Wirkung hervorruft. Mit S.M. Weber formuliert, muß erstens »das Subjekt des Signifikanten immer durch seinen *Ort* sich bestimmen, sofern der Signifikant seinen *Wert* erst durch seine Stellung innerhalb der Kette erhält; und zweitens, dieser Ort, sofern auch er differentiell bestimmt wird, muß immer *ein anderer Ort* sein, jener andere Schauplatz, wo Freud das Unbewußte situiert«[17]. Auf das cartesische Cogito bezogen, formuliert Lacan diese Exzentrizität folgendermaßen: »Ich denke, wo ich nicht bin, also bin ich, wo ich nicht denke.«[18]

Dieser Problematik begegneten wir bereits im ersten Kapitel, wo wir Lacans Aussage »Das Ich (je) ist nicht das Ich (moi)« im Rahmen seiner Spiegeltheorie zu interpretieren suchten. Wir fanden dort, daß das »Ich denke« nicht die Einheit des Subjekts begründet, sondern seine Spaltung im Sinne eines »Ich ist ein anderer« bezeugt. Das Ich (moi) richtet jenen Abstand auf, der das Subjekt von seinem eigentlichen, »wahren« Sein trennt. Dieser Abstand bestimmt die reflexive, gedachte, imaginäre Einheit für immer dazu, eine illusionäre Schöpfung zu sein. Dies ist die Position des Spiegelstadiums, in dem, linguistisch gesprochen, die Identität des Ich (moi) auf dem Trugbild des Signifikats beruht, das die Bewegungen der Signifikanten und der Signifikation festlegt.

Vor dem Hintergrund der Lacanschen Analyse des sprachstrukturierten Unbewußten können wir uns für den oben zitierten Satz aber auch noch eine andere Lesart vorstellen. Eine Lesart, deren Sinn erst dann hervortritt, wenn wir die Bedeutung jenes »Ich denke« radikal verändern, indem wir z.B. sagen:

Es gibt ein Denken, von dem das Subjekt nichts »weiß«, weil es sich auf einer anderen Ebene der Erfahrung artikuliert als auf derjenigen des bewußten Seins. Ein Denken, das nur dort auftaucht, »wo ich nicht bin« – in den Lücken und Leerstellen des bewußten Diskurses, auf jenem »anderen Schauplatz« des Unbewußten also, dessen Topik Freud in der *Traumdeutung* angab und dessen Signifikantenwirkung Lacan verdeutlicht. Über dieses »wahre« Subjekt, das dem Trugbild des Signifikats entweicht, sagt Lacan, daß »es« nur dort »spricht« und »denkt«, wo es sich in der Sprache, in der »Rede des Anderen« erfahren kann. Dies ist die zweite Position, in der Subjektivität durch die Verknüpfung von Sprache und Unbewußtem bestimmt wird. Und hier gewinnt Lacans zweite zentrale These, »Das Unbewußte ist der Diskurs des Anderen«[19], ihre Geltung. Sie meint, daß das Unbewußte nur *dialogisch* erfahren werden, nicht aber in der Einsamkeit der Reflexion interpretativ erfaßt werden kann.

Diese Lesart des »Ich denke« gibt uns nun auch die Möglichkeit, die in Lacans früher Spiegeltheorie offengebliebene Frage nach jener zweiten Position im Spiegelstadium, der Position des Ich (je), zu beantworten. Zunächst stellen wir fest, daß Lacan hier nicht vom »anderen« (klein »a«) der imaginären Spiegelidentifikation spricht, sondern vom »Anderen« (groß »A«). Welchen »Anderen« meint er damit?

»Es ist aber klar, daß das Wort erst im Übergang von der Täuschung zur Ordnung des ›signifiant‹ (= symbolische Ordnung) seinen Anfang nimmt, und es ist klar, daß der ›signifiant‹ einen anderen Ort fordert: den Ort des Anderen, den Anderen als Zeugen, den Zeugen, der ein Anderer ist als irgendeiner der (imaginären) Partner (der Täuschung); ein anderer Ort also ist gefordert, damit das Wort, das er trägt, lügen und sich so als Wahrheit setzen kann.«[20]

Lacan spricht hier vom »Anderen als Zeugen«, vom Anderen jenseits der imaginären Täuschung, die im endlosen Zirkel des »Ich ist ein anderer« kreist. Und dieser Andere befindet sich am Ort der Sprache, der symbolischen Ordnung, die sich gleich einem Dritten als Vermittler der rivalisierenden Zweierbeziehung anbietet. Denn die Sprache fordert Verzicht auf das narzißtische Beharren von »Ich *oder* Du« und verlangt Unterordnung unter eine Universalität von Gemeinsamkeit. Nur da, wo das Wort des einen *auch und zugleich* das des anderen sein kann, herrscht wechselseitige Anerkennung, in der – wie Hegel schon betonte – das »*Ich* das *wir*, und *wir* das *Ich* ist«[21]. Dieser Ordnung der Sprache sich zu überantworten heißt, auf narzißtische Omnipotenz zu verzichten, heißt, sich der Signifikantenkette einzuschreiben und die Offenständigkeit der Differenzen auszuhalten.

Lacans Frühschrift entnehmen wir, daß bereits »in diesem *infans*-Stadium« die Spiegelidentifikation jene »symbolische Matrix« darstellt, »an der das Ich (je) in einer ursprünglichen Form sich niederschlägt«[22]. Wie ist dies aber möglich, ist doch zu diesem Zeitpunkt das Kind der Sprache noch ohnmächtig? (Der von Lacan verwendete lateinische Ausdruck »infans« besagt zweierlei: noch nicht sprechend, stammelnd [Partizip Präsens Aktiv] bzw. »kleines Kind« [Substantiv]). Lacan geht darauf erst 1958 näher ein, aber dann, wie S.M. Weber bemerkt, »mit einer Selbstverständlichkeit, die das Versäumte fast verdeckt«[23]. Er betont die Unabdingbarkeit »dieses Anderen, wo der Diskurs sich situiert« und bis »in die Spiegelbildbeziehung, in ihr reinstes Moment«[24] hineinreicht: »In dem Gestus, mit dem das Kind vorm Spiegel sich umdreht, nach demjenigen, der es trägt, um an ihn den Appell seines Blickes zu richten, damit dieser als Zeuge jene Wiedererkennung sowohl verifiziere als sie von dem Bilde und der jubelnden Annahme entlaste, wo gewiß *sie immer schon war.*«[25]

Ist nicht jene Person, die das Kind trägt (die Mutter/der Vater), zugleich selbst Träger der symbolischen Ordnung, und übertrug sie nicht von jeher die »Ordnung der Signifikanten« auf das Kind im Dialog ihres Ja und Nein, ihrer Gabe und ihres Entzugs, ihrer Anwesenheit und Abwesenheit? An sie richtet das Kind den Appell seines Blickes, um von ihr, als dem Zeugen, jene Antwort zu erhalten, die eine Wieder-An-Erkennung* ist; ein Anerkennen, das nicht ausgeht vom imaginären anderen, sondern vom (großen) Anderen, von dem Zeugen, der – wie Lacan bereits betonte – ein Anderer ist als irgendeiner der (imaginären) Partner (der Täuschung). Dieser noch nicht verbale Appell des Kindes durch den Blick, der eine Anerkennung vom Augenzeugen, vom Ort des Anderen her verlangt, trägt bereits die Struktur einer Sprache. Er kann verstanden werden als das Moment, in dem das Subjekt sich als ein sprechendes Wesen vom Diskurs des Anderen her konstituiert – von dort her, wo es eigentlich »immer schon war«.

Fassen wir noch einmal die Thematik des *Imaginären*, charakterisiert in der Beziehung »Ich ist ein anderer«, und des *Symbolischen*, wo das Ich (je) unter Vermittlung des Anderen zur Sprache kommt, in dem von Lacan oft verwendeten Schema L[26] zusammen:

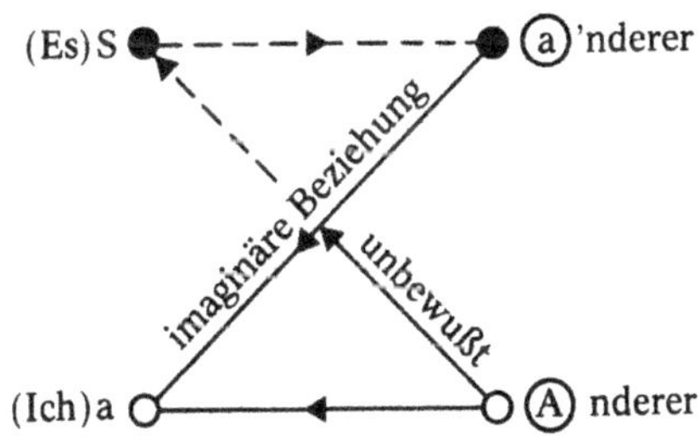

* Das franz. Wort »reconnaissance« bedeutet Anerkennung und Wiedererkennen.

Das Subjekt (S) identifiziert sich in der dualen Spiegelbeziehung mit dem anderen (a') und konstituiert auf der imaginären Basis (a'-a) sein Ich als »moi«. Die fiktive Beziehung (a'-a) befindet sich jedoch schon immer im »Rahmen« der symbolischen Ordnung, denn der (große) Andere (A), der diese wesenhaft unbewußte Ordnung verkörpert, greift als vermittelnder Dritter in die Spiegelverhaftung ein und bringt somit das »wahre« Subjekt (Es) zum Sprechen.

Das Schema verdeutlicht allerdings noch einen zweiten wichtigen Punkt: Die Dialektik der Intersubjektivität ist dergestalt, daß sich in die symbolische Beziehung (S-A) die imaginäre Relation zwischengeschaltet findet. Das heißt aber, daß die symbolische Dimension das Imaginäre weder ablöst noch ausschaltet. Es gibt keinen Ort unmittelbarer Kommunikation von Unbewußtem zu Unbewußtem (A-S). Um auf das wahre Subjekt (Es) – das »Es spricht« – zu stoßen, bedarf es immer des Umweges über das Imaginäre (a'-a), bedarf es der Verwicklungen, der Verhüllung, des Spiels im Imaginären. Nur so ist es möglich, jenseits des Gesprochenen jene »andere Rede« des Unbewußten sprechen zu lassen. Denn die Sprache (parole) ist immer auch die Rede des Ich (moi). Sofern der Mensch aber ursprünglich in sie verwoben ist, findet er sich auch ihren Verführungen ausgesetzt. Nur allzugern versteckt er sich im oberflächlichen Gerede des »man«, verliert sich in einer Rede, die lediglich überzeugen will, oder verstrickt sich in der Ausweglosigkeit mund*tot*-machender Redegefechte, die vom Ich-*oder*-Du-Verhältnis gespeist wird. In der Sprache ist der Mensch eingeschlossen, mit der Sprache kann er sich scheinbar über seine Existenzform hinwegsetzen. Mit der Sprache kann er überreden, ohne zu wissen, daß er dabei selbst getäuscht wird, da die Sprache ihn unter-redet. In der Sprache können Interaktion und Kommunikation gelingen, aber mit ihr kann ebenso die menschliche Praxis ideologisch verdunkelt oder logisch verfälscht werden. Derjenige, der wähnt, Wahrheit, Einheit und Ganzheit im »wahrsten Sinne des Wortes« festhalten zu können, ahnt oft nicht, daß er mit leeren Worthülsen um sich wirft. Diese Doppeldeutigkeit der Sprache aufnehmend, unterscheidet Lacan zwischen einem leeren Sprechen (parole vide) und einem vollen Sprechen (parole pleine). Das leere Sprechen findet in der »Spiegelfechterei eines Monologs« statt, in den »wohlmeinenden Bildern«, die das Subjekt entwirft, um den anderen damit zu umgarnen, in den »narzißtischen Umarmungen, die einen Hauch von Selbstbeseelung vortäuschen«, während das volle Sprechen der »harten Arbeit eines Diskurses ohne Ausflüchte«[27] entspricht. In Kapitel 5 werde ich diese Thematik im Hinblick auf das psychoanalytische Gespräch nochmals aufnehmen und vertiefen.

Halten wir zum Schluß dieses Kapitels fest, daß uns Subjektivität bei Lacan als in dreifacher Hinsicht dezentrierte begegnet: zuerst in Hinblick auf den anderen (Ich ist ein anderer), insofern dieser in die Verlockung des Spiegelstadiums hineinführt und dort die triumphale Setzung eines Ideal-Ich scheitern läßt; zweitens in bezug auf das Sprechen des Subjekts, das als Diskurs des Anderen schon vor ihm da war und das die Suche nach ihm genau dorthin lenkt, wo die Sprache – als Universalität außerhalb seiner Verfügungsgewalt – selbst Mangel leidet, genauer: an den Punkt, wo das Ich (moi) aus seiner Aussage verschwindet. Schließlich begegnet uns Subjektivität bei Lacan in Hinblick auf das Begehren, das von nun an in die Vermittlung durch das Begehren des Anderen umschlägt. Mit diesem Punkt befaßt sich das nächste Kapitel.

3. Subjekt und Wunsch. Das Begehren und die Intersubjektivität

Was ist das Subjekt – im Hinblick auf seine Bedürfnisse und die Unersättlichkeit seiner Wünsche? »Das ist die Frage, die in Freuds Werk gestellt wird, von seinem Anfang bis zu seinem Ende«, bemerkt Lacan in seinem Seminar vom 2. März 1955. Anhand der Freudschen Schemata des psychischen Apparates folgt er den Konstruktionen, die der Begründer der Psychoanalyse entwarf, um die Entwicklung des psychischen Lebens aufzuzeigen. Beleuchten wir zunächst Freuds Gedanken, damit wir, wie Lacan betont, »genau auf der Linie sind, wenn wir immer wieder die Frage Freuds stellen – was ist das Subjekt?«[1]

In seinem 1895 verfaßten *Entwurf einer Psychologie* entwickelt Freud sein erstes Modell des psychischen Apparates: Dieser hat primär das Bestreben, sich möglichst reizlos zu erhalten. Analog dem Reflexbogenmodell erfährt die durch die Außenreize aufgenommene Quantität eine vollständige Abfuhr. Die Funktion findet sich ein erstes Mal unterbrochen durch endogene Reize, die sich in Form großer Körperbedürfnisse (Hunger, Atem, Sexualität) anmelden. Im Schreien und in Gemütsbewegungen verschafft sich die »Not des Lebens« einen Ausdruck und provoziert dadurch die Hilfe des Mitmenschen. Das Signal an die Außenwelt gewinnt nach Freud »so die höchst wichtige Sekundärfunktion der *Verständigung* und die anfängliche Hilflosigkeit des Menschen ist die *Urquelle* aller *moralischen Motive*«[2]. Weit davon entfernt, sich auf einen Instinktapparat zu berufen, der die Befriedigung menschlicher Bedürfnisse von vornherein garantierte, interpretiert Freud die Entstehung des psychischen Seins vor dem Hintergrund einer ursprünglichen Mangelsituation des Menschen. »Es mangelt ihm an dem«, bemerkt dazu Lacan, »was ich die präformierten Wege nenne. Der Mensch geht von überhaupt nichts aus. Er muß lernen, daß das Holz brennt und daß er sich nicht in die Tiefe stürzen darf.«[3] Für den psychischen Apparat bedeutet dies, daß er die endogenen Erregungen nur durch intersubjektive Hilfeleistung bewältigen kann. Diese besteht nach Freud in einer »spezifischen Aktion« – »Nahrungszufuhr, Nähe des Sexualobjekts« –, die »das hilfreiche Individuum« für das »hilflose«[4] leistet. Bei dieser Aktion macht das Kind die Erfahrung des Befriedigungserlebnisses. Diese bleibt als affektiv besetztes Erinnerungsbild im Gedächtnis des Säuglings haften. Tritt wieder eine Bedürfniserregung auf, so ruft sie eine psychische Regung hervor, die das Erinnerungsbild besetzt und danach strebt, das erste Befriedigungserlebnis in der Wahrnehmung zu suchen.

Im VII. Kapitel der *Traumdeutung*[5] definiert Freud diese psychische Regung als Wunsch und zeigt anhand eines erweiterten Modells vom psychischen Apparat den unbewußten Sinnzusammenhang zwischen Bedürfnis und Wunsch auf: »Eine solche Regung ist das, was wir einen Wunsch heißen; das Wiedererscheinen der Wahrnehmung ist die Wunscherfüllung, und die volle Besetzung der Wahrnehmung von der Bedürfniserregung her der kürzeste Weg zur Wunscherfüllung [...] [so daß] das Wünschen also in ein Halluzinieren ausläuft. Diese erste psychische Tätigkeit zielt also auf eine *Wahrnehmungsidentität*, nämlich auf die Wiederholung jener Wahrnehmung, welche mit der Befriedigung des Bedürfnisses verknüpft ist.«[6]

Entscheidendes Movens bei diesem Vorgang ist die Tendenz zur Wiederherstellung des Befriedigungserlebnisses, die sich in der Dimension des Wunsches fortan in den kindlichen Körper einschreibt. Der primäre Weg der Wunscherfüllung ist die Wahrnehmungsidentität: Bleibt das Befriedigungserlebnis aus, so wird es halluzinatorisch herbeigeführt, d.h., obwohl *objektiv* die *reale* Befriedigung mangelt, wird sie *subjektiv* als *real* erfahren.

In diesem Kontext mag Lacans schwieriger Begriff des Realen verständlich werden. Das Reale ist nicht identisch mit der Realität. Es bezeichnet vielmehr die Erfahrung des Seins in seiner primären Undifferenziertheit und Positivität, wie sie nach Freud dem Subjekt im Anfangsstadium eignet. Lacan, der gerne den Ausspruch »Die Götter sind aus dem Feld des Realen«[7] verwendet, betont: »Das Reale ist absolut ohne Riß.«[8] In ihm fallen Innen und Außen, Phantasie und Realität, Ich und Anderer zusammen. Omnipotentes Erleben und Lustprinzip sind hier in ihrer reinsten Form verkörpert. Das Reale als Prototyp menschlicher Wunscherfüllung negiert die »Not des Lebens« und verhüllt jenen Riß auf dem Grunde der menschlichen Existenz. Es inkarniert sich in den nächtlichen Träumen und in Grenzsituationen des Daseins, wie z.B. dem Überwältigtwerden der Psyche im Trauma oder in den halluzinatorischen Schüben der Psychose. Es steht aber auch als Ausgangspunkt für alle jene Omnipotenz verheißenden Trugbilder und Verlockungen, die z.B. im späteren Spiegelstadium existieren und die Dezentrierung vergessen machen wollen, welcher die menschliche Subjektivität von Anfang an unterliegt.

Was aber sagt die Halluzinationstheorie Freuds über das Wesen des Wunsches aus? Anders als das aus dem Zustand endogener Erregung entstandene Bedürfnis, das seine *Befriedigung* an einem spezifischen Objekt (z.B. der Nahrung) findet, ist der Wunsch unlösbar mit Erinnerungsspuren verknüpft und strebt über Mangel und Differenz hinweg nach *Erfüllung* und Identität. Ein wesentliches Kriterium des Wunsches liegt darin, daß er in einem unmittelbaren Verhältnis zur Illusion/Imagination steht. In seiner ursprünglichen Form *prä*sentiert er das, was in Wirklichkeit gerade nicht vorhanden ist. – Bedeutet dies jedoch, daß Freud das Wesen des Wunsches darin sieht, sich mit der Illusion einer »phantastischen« Realität zu begnügen, die noch nicht einmal in der Lage ist, die »Realität« als ihr notwendiges Korrelat zu erfassen?

»Bloß, wie kommt's«, fragen wir mit Lacan, »daß es dem Lebewesen trotzdem gelingt, nicht in biologisch schwerwiegende Fallen zu gehen?«[9] Wie könnte der Säugling dauerhaft der lustbetonten Wunscherfüllung frönen, ohne in letzter Konsequenz dieser in chaotischer Weise ausgeliefert zu sein, da sie letztendlich Unlust und Mangel mit sich bringt? Freud selbst wendet diesbezüglich ein, »daß eine solche Organisation, die dem Lustprinzip frönt und die Realität der Außenwelt vernachlässigt, sich nicht die kürzeste Zeit am Leben erhalten könnte«, wäre da nicht die »Mutterpflege«.[10] Sie paßt sich, wie der englische Psychoanalytiker D.W. Winnicott trefflich formuliert, den Wünschen des Säuglings »genügend gut«[11] an, indem sie ihm das Gefühl der Allmacht zugesteht, aber auch in erträglichem Maße Mangelerlebnisse (z.B. ihre Abwesenheit) zulassen kann. So gewährt sie ihm den Raum, in dem der Säugling erfahren und verstehen lernt, welche Wunschvorstellungen Realität verheißen können und welche ihm ein Gefühl der Leere vermitteln.

Wie aber muß sich der psychische Apparat entwickeln, damit er nicht in biologische Fallen tappt? Freud ist sich darüber im klaren, daß nur die »bittere Lebenserfahrung« den Apparat antreiben kann. Um die unzweckmäßige Wahrnehmungsidentität zu hemmen, um letztendlich Unlust und Schmerz zu vermeiden, müssen Sekundärprozesse ausgebildet werden. Die Hemmung der unmittelbaren Wunscherfüllung schreibt Freud einem primären Ich zu, dem die Funktion obliegt, mit Hilfe von Seitenbesetzungen alternative Wege möglicher Bedürfnisbefriedigungen aufzusuchen und diese einer Realitätsprüfung zu unterziehen. Ausgehend vom Erinnerungsbild des Befriedigungserlebnisses, richtet sich die psychische Aufmerksamkeit auf die Objektwelt und überprüft durch assoziativen Vergleich die neuen Wahrnehmungsdaten daraufhin, ob diese mit dem Erinnerungsbild identisch sind oder zumindest teilweise zusammenfallen. Dazu bemerkt Lacan:

»Was Freud hier von allen Autoren unterscheidet, die über dasselbe Thema geschrieben haben [...] ist die Idee, daß das Objekt des menschlichen Strebens niemals ein wiedergefundenes Objekt im Sinne der Wiedererinnerung ist. Das Subjekt findet nicht die vorab verlegten Schienen seiner natürlichen Beziehung zur Außenwelt wieder. Das menschliche Objekt konstituiert sich immer durch die Vermittlung eines primären Verlusts. Nichts Fruchtbares hat statt für den Menschen, wenn nicht durch Vermittlung eines Verlusts des Objekts.«[12]

»Was im Hinblick auf die Wunschzustände von Freud ins Spiel gebracht wird [...] ist die Eroberung, die Strukturierung der Welt in einer Anstrengung der Arbeit, auf dem Wege der Wiederholung. Insoweit das, was sich ihm präsentiert, nur partiell mit dem koinzidiert, was ihm bereits Befriedigung verschafft hat, macht sich das Subjekt auf die Suche und wiederholt seine Suche so lange, bis es dieses Objekt wiederfindet.«[13]

Auf dem Wege der Eroberung von Welt wird das primäre, regrediente Wahrnehmungssystem also durch ein sekundäres, progredientes erweitert, in welchem sich Phantasie und Denken entwickeln. Sie bilden fortan den Ort der Vermittlung zwischen Wunsch und Realität, befähigen sie doch das Subjekt, die Wunscherfüllung *als Vorstellung* festzuhalten – obgleich der »reale« Mangel ein gewisses Maß an Unlust mit sich bringt –, um auf ihrer Matrix in einem »tastenden Vorstoß« die Realität daraufhin zu »verkosten«[14], ob in ihr eine Befriedigung durch den helfenden Anderen möglich ist, die auf dem Weg über motorische Erfahrungen realisiert werden kann.

Nach wie vor bleibt der Wunsch das treibende Movens des psychischen Seins. Er erfährt jedoch eine wesentliche Modifikation: Der Wunschzustand löst sich ab von der Verheißung des Realen (Halluzination) und situiert sich im Bereich der Phantasie.[15] Im Hinblick auf die Realität ist die Wunschphantasie nicht real. Sie wendet sich jedoch nicht von ihr ab, sondern kann als »Probehandeln«[16] verstanden werden, das in Bezug zur erlebbaren Realität steht, sofern diese ein »Erwarten« erfordert, bis die Wunschphantasie eingelöst werden kann. Wenn Freud betont: »Im Wiederholungszustand der Begier, in der *Erwartung* findet die Erziehung und Entwicklung dieses anfänglichen Ich statt«[17], so bedeutet dies für das wünschende Subjekt, daß es lernen muß, die »Begier« zu ertragen. Das heißt, daß das Subjekt lernen muß, sich nicht in der *Präsenz* des Wunschzustandes zu erschöpfen, sondern den Umweg zu einer »realitätsverkostenden« Phantasie zu gehen, die dem Wunsch Erfüllung in Form der *Re-Präsentation* gewährt. Damit aber tritt der Wunsch auch in die Dimension der Zeit: Der Wunsch spannt den Bogen zu vergangenen Erfüllungserlebnissen und greift im Erwarten vor auf mögliche, zukünftige. Im Zustand der »Begier« ist hingegen der gegenwärtige Mangel fühlbar – »Also Vergangenes, Gegenwärtiges, Zukünftiges wie an der Schnur des durchlaufenden Wunsches aneinandergereiht.«[18]

Wenn der Wunsch dergestalt einen Bezug zu Wirklichkeit und Zeit herstellt, wenn er sich in der Relation von Anwesenheit-Abwesenheit, Unlust-Lust den Raum offenhält, der den Drang nach unmittelbarer, omnipotenter Erfüllung hindert – so kann das nur darum gelingen, weil das Subjekt im Wechsel zwischen Befriedigung und Versagung die »genügend gute« Erfahrung gewinnt, daß der helfende Andere »da« ist und zuverlässig Befriedigung gewährt, aber auch »fort« sein kann, ohne endgültig verloren zu sein. »Am Nebenmenschen lernt darum der

Mensch erkennen«, schreibt Freud. Er ist »das erste Befriedigungsobjekt, im ferneren das erste feindliche Objekt [...] wie die einzig helfende Macht«[19]. Insofern aber der Wunsch stets adressiert ist an die Hilfeleistung des Anderen, ist er auch abhängig davon, ob der Andere ihn annimmt – und wie er ihn annimmt. Denn der Wunsch will mehr als reale Sättigung: Er beansprucht Anerkennung und Liebe. Von daher aber bleibt er für immer eingebettet in eine Dialektik von Liebe und Haß, von Herrschaft und Knechtschaft, von Ich und dem Anderen.

Es ist nun Lacan, der jene psychosoziale Dimension des Wunsches in all ihren Konsequenzen herausarbeitet. Unmittelbar an Freuds frühe Theorie des Wunsches anknüpfend, analysiert er die »Dialektik des Begehrens«[20] als ein eng verschlungenes Netzwerk von Sprache, Wunsch und Intersubjektivität. Anhand der Triade von Bedürfnis, Anspruch und Begehren zeigt er auf, wie der Wunsch in Sprache einmündet.

Schon in seinen Anfängen findet sich das psychische Sein in eine Sprachlichkeit eingebettet, deren Struktur und Auswirkungen die primären sinnlich-körperlichen Erfahrungen mitbestimmen. Der Säugling, der sein Bedürfnis durch Schreien kundtut, hat seine Not bereits in eine erste signifikante Artikulation gedrängt. Signifikant für einen Anderen, die Mutter, die nicht bloß reale Sättigung gewährt, sondern Antwort auf einen Appell in Gestalt einer Gabe. Genauer gesagt: Die Mutter gibt *mehr* als Nahrung, nämlich ihre Anwesenheit und Liebe, andererseits aber gibt sie *weniger* als dauerhafte Bedürfnisbefriedigung, nämlich Versagung des Befriedigungsobjekts und Abwesenheit. Damit aber besitzt sie das »Privileg« einer Macht.* Somit setzt sich die »Mutterpflege« von jeder konkreten Bedürfnisbefriedigung ab, die biologischer Natur ist und auf reine Konsumtion abzielt.

* Lacan verknüpft den Begriff mit *Privation* = Vorenthaltung.

Indem aber das Subjekt seine Not der Mutter überantwortet, verändert sich rückwirkend auch die Art seiner Bedürftigkeit. Das primäre *Bedürfnis* schlägt um in den *Anspruch* auf den Anderen, in das Verlangen, »geliebt zu werden, das den Menschen nicht mehr verlassen wird« (Freud).[21] Es ist ganz wesentlich dieses Verlangen nach Liebe, das die Unersättlichkeit menschlicher Wünsche ausmacht. Weil jedoch der Anspruch auf Liebe sich nur bedingungslos an den Anderen richten kann, zeigt er sich empfänglich für alle Spiegelungen des Ich (moi). Allerdings um den Preis einer Täuschung, da er dem Anderen komplementär zu erfüllen aufgibt, was man selbst nicht hat. Dies zeigt sich besonders deutlich, »wenn der Andere, der ja auch seine Vorstellungen von seinen Bedürfnissen hat, sich einmischt, und es [das Kind] anstelle von dem, was er nicht hat, bis zum Ersticken vollstopft mit dem Brei dessen, was er hat, und so seine Pflege mit dem Geschenk seiner Liebe verwechselt«[22].

Die totale Präsenz, die der Anspruch verfehlt und dennoch heraufbeschwört, legt um den Mangel die »Hülle der narzißtischen Täuschung, die höchst geeignet ist, mit ihren Verführungs- und Verhaftungswirkungen alles zu unterstützen, was sich da spiegelt«[23]. Diese Täuschung begegnet in der Verquickung von Liebe und Haß auf der Ebene des Imaginären – dort, wo der Anspruch den Anderen in seinem Anderssein leugnet und wo ihm kein Ausweg bleibt, um seine Entfremdung aufzuheben, als die eigene Zerstörung (vgl. Kap. 1). Diese destruktive Verklammerung enthüllt sich in der Anorexie: »Gerade das Kind, das man mit dem höchsten Maß an Liebe nährt, verweigert die Nahrung und spielt mit der Weigerung wie mit einem Begehren.«[24] Es sind weder Nahrung noch Liebe, die dem Kind hier vorenthalten werden, sondern deren *symbolischer Wert*, der nur durch die Trennung von der identifikatorischen Umklammerung erschlossen werden kann.

Der Anspruch an den Anderen aber verwickelt den Wunsch in die Dialektik der Begehrens. Denn das Begehren will anerkannt sein. Dies ist nur möglich in der Differenz zum Anderen. Anders also als das *Bedürfnis,* das auf reale Befriedigung zielt, und anders als der imaginäre *Anspruch,* der statthat im Bereich des »aktuell Artikulierten«, hat das *Begehren* seinen Sitz in dieser Differenz, die einerseits verstellt war durch die Verheißung des *Realen* (vgl. die Wahrnehmungsidentität bei Freud) und andererseits durch die spiegelverhafteten Figuren des *Imaginären.* Als Bewegung der differentiellen Verweisung (Metonymie) ist das Begehren der *symbolischen* Ordnung unterworfen, d.h., es differenziert sich aus am Ort der Sprache. Den Weg des Wunsches vom Anspruch zur dialektischen Entfaltung des Begehrens veranschaulicht Lacan anhand eines Kinderspieles, das Freud in seiner Schrift *Jenseits des Lustprinzips* anführt. Er berichtet dort über einen anderthalbjährigen Knaben, der seiner Mutter »zärtlich anhing« und nie während ihrer Abwesenheit weinte:

> »Das Kind hatte eine Holzspule, die mit einem Bindfaden umwickelt war. Es fiel ihm nie ein, sie zum Beispiel am Boden hinter sich herzuziehen, also Wagen mit ihr zu spielen, sondern es warf die am Faden gehaltene Spule mit großem Geschick über den Rand seines verhängten Bettchens, so daß sie darin verschwand, sagte dazu sein bedeutungsvolles o-o-o-o und zog dann die Spule am Faden wieder aus dem Bett heraus, begrüßte aber deren Erscheinen jetzt mit einem freudigen ›Da‹. Das war also das komplette Spiel, Verschwinden und Wiederkommen, wovon man zumeist nur den ersten Teil zu sehen bekam, und dieser wurde für sich allein unermüdlich als Spiel wiederholt, obwohl die größere Lust unzweifelhaft dem zweiten Akt anhing.«[25]

Der Knabe versucht, den Verlust der Mutter zu bewältigen, indem er seine Spule in der Kluft verschwinden läßt, die die Abwesenheit der Mutter aufgerissen hat. Doch das Ende des

Fadens fest in der Hand haltend, artikuliert er mit einem o-o ihr Fortsein und läßt sie mit einem a-a wiedererscheinen. Anwesenheit und Abwesenheit liegen in seiner *Hand*, das Spiel wird selbst zur *Hand*lung. Zur spielerischen Handlung, in der die Spule ihren Dingcharakter verliert und eine symbolische Bedeutung gewinnt.

Und doch bringt diese Handlung zugleich ein imaginäres Moment ins Spiel: Es verwandelt die Angst des Verlassenseins in eine »triumphale Übung«[26] (Lacan), läßt das Abwesende – die Mutter – seinerseits verschwinden und entdeckt in der Beherrschung seiner Not das Privileg der eigenen Macht.

Freud selbst hat den »spekularen« Charakter dieses kindlichen Spiels erkannt, bemerkt er doch in einer Fußnote:

> »Als eines Tages die Mutter über viele Stunden abwesend war, wurde sie beim Wiederkommen mit der Mitteilung begrüßt: ›Bebi o-o-o-o!‹, die zunächst unverständlich blieb. Es ergab sich aber bald, daß das Kind während dieses langen Alleinseins ein Mittel gefunden hatte, sich selbst verschwinden zu lassen. Es hatte sein Bild in dem fast bis zum Boden reichenden Standspiegel entdeckt und sich dann niedergekauert, so daß das Spiegelbild ›fort‹ war.«[27]

In der Spiegelidentifizierung gewinnt das kindliche Ich (moi) seine verloren geglaubte Einheit mit der Mutter zurück und feiert den Triumph dieser Wiederkehr, indem es sich selbst während der mütterlichen Abwesenheit verschwinden läßt. Und dennoch verkörpert das Spiel des Knaben nicht nur die Ausübung einer imaginären Machtposition, die den Liebesanspruch an die Mutter anmeldet. Denn das Spiel der Wiederholungen erweist sich als Wiederholung einer Entfremdungserfahrung, die nicht stumm bleibt, sondern sich aussprechen läßt in der phonematischen Opposition von a-a und o-o. Und mit dieser Artikulation betritt das Kind den Weg, der zwischen einem (traumatischen) Realen und seiner imaginären Beherrschung in das symbolische Universum der Sprache führt.

»Freud hat uns in genialer Intuition diese Verdunkelungsspiele vor Augen geführt, damit wir in ihnen erkennen, daß der Moment, in dem das Begehren sich vermenschlicht, zugleich der ist, in dem das Kind zur Sprache geboren wird.

Wir können heute daran begreifen, daß das Subjekt in diesem Vorgang nicht nur einen Verlust bewältigt, indem es ihn auf sich nimmt, sondern daß es sein Begehren durch ihn zur zweiten Potenz erhebt. Denn sein Handeln zerstört das Objekt, das es in der antizipierenden Provokation seiner Anwesenheit und Abwesenheit erscheinen und verschwinden läßt. Dieses Handeln negativiert damit das Kräftefeld des Begehrens, um sich selbst zum eigenen Objekt zu werden. Und dieses Objekt, das sogleich in dem symbolischen Paar zweier elementarer Stoßgebete Gestalt annimmt, verkündet im Subjekt die diachronische Integration einer Dichotomie von Phonemen, deren synchronische Struktur eine bestehende Sprache ihm zur Assimilation anbietet; so beginnt das Kind sich auf den konkreten Diskurs seiner Umgebung einzulassen, in dem es mehr oder weniger näherungsweise in seinem *Fort!* und in seinem *Da!* die Vokabeln reproduziert, die es aus jenem System erhält.«[28]

Weniger das Beherrschen der Situation anhand der Spule, die Lacan als »Objekt klein *a*« bezeichnet, als »kleines Etwas vom Subjekt, das sich ablöst, aber trotzdem ihm zugehörig ist, von ihm bewahrt wird«, als vielmehr das »radikale Schwanken des Subjekts«[29] tritt in den Vordergrund seiner Interpretation. Ein Schwanken zwischen Fort und Da, Entfremdung und Einheit, in dessen Hin und Her sich das Subjekt als sprachliches konstituiert. Auch wenn der Anspruch das Imaginäre begründet und trägt, führen jene Polaritäten eine Bewegung herbei, die nicht mehr zwischen den Polen des Du *oder* Ich gefangen bleibt, sondern in die Dialektik von Du *und* Ich eintritt. Diese Bewegung geht ein in die Rede des Anderen, der Mutter, die zum Ort des kindlichen Diskurses wird, zum noch stammelnden Diskurs eines Fort!-Da! Der Diskurs *wieder*holt nicht so sehr die *reale* Abwesenheit der geliebten Mutter. Im Verzicht auf ein greifbares Objekt greift er vielmehr zu den Worten und schafft so eine neue symbolische Ordnung, in der das Kind als sprachliches Subjekt seinen Platz findet. Und gleichsam als Zeuge dieses Platzes nennt das Kind beim Wiederkommen der Mutter seinen Namen »Bebi« – so als symbolisiere dieser die Loslösung von der narzißtischen Identifikation mit seinem Spiegelbild bzw. seiner Spiegelung in der Mutter.

Nur durch die Trennung von der Präsenz, durch den »Mord am Ding«, kann das Symbolische entstehen. »Das Symbol stellt sich so zunächst als Mord der Sache dar, und dieser Tod konstituiert im Subjekt die Verewigung seines Begehrens«[30], betont Lacan. Nur diesseits der realen Befriedigung am Ding und jenseits der imaginären Verhaftung am Anderen kann das Subjekt die für sein Begehren konstitutive Struktur finden. »Daher ist das Begehren weder Appetit auf Befriedigung noch Anspruch auf Liebe, sondern vielmehr die Differenz, die entsteht aus der Subtraktion des ersten vom zweiten, ja das Phänomen ihrer Spaltung selbst.«[31] Erst in einem Aufklaffen, einer Differenz, wird das Begehren manifest. Diese Bedingung fanden wir bereits in der halluzinatorischen Wunscherfüllung, die die Abwesenheit des primären Befriedigungserlebnisses voraussetzt. Wir begegneten ihr wieder im imaginären Anspruch auf Liebe, der gegen die Bedürfnisbefriedigung aufbegehrt. Und wir finden sie jetzt im Begehren selbst, das durch den Verlust des absoluten Liebesanspruchs ermöglicht wird. Es ist also die Differenz, die Erfahrung des Mangels, die den Wunsch immer erneut nach Erfüllung treibt und ihn so in das Feld des Begehrens führt.

»Man begreift, wie die sexuelle Beziehung dieses geschlossene Feld des Begehrens einnimmt und ihr Los hier ausspielen wird. Denn dieses Feld ist gemacht dazu, daß auf ihm sich das Rätsel produziert, das jene Beziehung im Subjekt aufwirft und das sie ihm doppelt ›signifiziert‹: als Wiederkehr des Anspruchs, den sie auslöst, als Anspruch an das Subjekt des Bedürfnisses; als Ambiguität, die vergegenwärtigt wird bezüglich des Andern, das im beanspruchten Liebesbeweis im Spiel ist. Das Auseinanderklaffen in diesem Rätsel zeigt, wodurch es determiniert ist, in der einfachsten Formel, die es offenlegt: daß nämlich weder das Subjekt noch der Andere (für jeden der Beziehungspartner) sich damit zufriedengeben können, Subjekte des Bedürfnisses oder Objekte der Liebe zu sein, sondern einzig und allein damit, Statthalter zu sein für die Ursache (cause) des Begehrens.«[32]

In den Diskurs des sprachlich strukturierten Unbewußten eingeschrieben, klafft das Begehren zwischen Gesagtem und Sagen, zwischen Aussage und Äußerung, unterliegt es doch den metonymischen Bewegungen der Signifikanten, die immer auf einen anderen Schauplatz, einen Ab-ortus verweisen. Daher betrifft die Unwissenheit des Menschen im Hinblick auf sein Begehren weniger das, *was* er beansprucht, als den exzentrischen Ort, *von dem aus* er begehrt. Die Tragweite der menschlichen Leidenschaft liegt darin, daß »das Begehren des Menschen das Begehren des Andern ist«[33].

Im Begehren tritt der Wunsch in jenen Zwiespalt ein, der die unendliche Bewegung von Mangel und Erfüllung, von Einheit und Spaltung, im Menschen unterhält. Anders als das Bedürfnis, das sich am Objekt stillt und zu sich selbst zurückkehrt, umkreist das Begehren das Objekt, lädt es mit Bedeutung auf, speist das Verbotene mit Verheißungen und läßt den Mangel dort neu entstehen, wo er eben überwunden schien. »Das Begehrenswerte sättigt nicht das Begehren, sondern vertieft es, es nährt mich gewissermaßen mit neuem Hunger.« (E. Levinas)[34] Denn das Begehren wird nicht getragen vom »Ich« sagenden

Subjekt, sondern artikuliert sich in der symbolischen Sprachordnung – gebrochen durch die Begierde des Anderen. »So ist die Wahrheit«, betont Lacan, »von anderswo garantiert als von der Realität, die sie betrifft: aus dem Sprechen.«[35] Diese Wahrheit ist weder eindeutig faßbar noch wißbar. Wir können nur von ihr Kenntnis nehmen, insofern wir sprechend unsere Wünsche artikulieren, die nie ganz befriedigt werden können, weil uns immer etwas mangelt und weil wir immer auf andere Wünsche und auf die Wünsche der Anderen verwiesen werden.

Hier aber liegt auch die Tücke des menschlichen Begehrens, das die Subjekte zur Vervielfältigung und Ausdifferenzierung ihrer Wünsche treibt und ihnen jenen kulturellen Charakter verleiht, der weit über das Bedürfnis hinausgeht. Ohne die das Begehren tragende Sprache könnte jedoch kein biologisches Bedürfnis von sich aus zum Objekt der Erotik, der Macht oder der Ausbeutung werden. In der Überflußgesellschaft, die die Sprache des *Konsums* spricht, erscheint der Mangel als ein *materieller,* der käuflich zu beheben ist. Hier, wo alle Grundbedürfnisse von der Dynamik der Wünsche getragen sind, wähnt sich der Mensch als Herr seiner Bedürfnisse und ist doch Sklave seines Begehrens. Denn gezielte Werbestrategien, die dauerhafte Bedürfnisbefriedigung verheißen, nähren uns gleichzeitig mit immer neuem Hunger, indem sie pausenlos neue Mängel suggerieren. Hier wird, wie U. Rosenfeld zu Recht bemerkt, der Mangel selbst produziert, »um ihn ökonomisch verwertbar zu machen [...]. Es wird ein Begehren strukturiert, das beständig darauf abzielt, sich zu vervollständigen und zu vereinheitlichen; ein Begehren, das abzielt auf das ›Haben-Wollen‹ um ›Sein‹ zu können«[36].

Daß es Lacan gerade nicht darum gehen kann, das Subjekt auf das Haben-Wollen zu reduzieren, zeigen seine Analysen zum komplexen Verhältnis von Sprache, Begehren und Intersubjektivität, das wir anhand von zwei Graphen noch einmal veranschaulichen wollen:

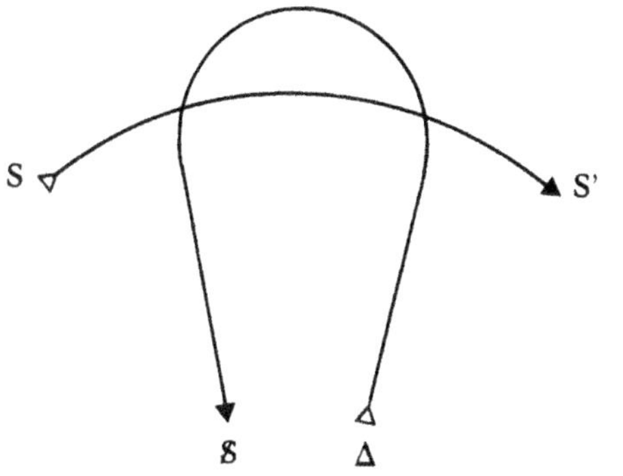

In Graph I[37] markiert der Vektor $\overrightarrow{S.S'}$ die signifikante Kette bzw. die Ordnung der Sprache. Auf sie trifft die Intentionalität des Subjekts (Δ), die ausgeht vom »pré-texte« seiner vitalen Bedürfnisse.

Wie wir aufzeigten, bedarf diese vitale Intentionalität der Artikulation. Im Anspruch äußert das Subjekt seine Bedürfnisse und entäußert sich damit gleichzeitig, da »es schlechterdings keinen Anspruch gibt, der nicht irgendwie durch die Engführung der Signifikanten hindurchmüßte«[38]. Damit aber betritt es das Universum der Sprache, in der es, vom ursprünglichen Ausgangspunkt entfernt, »zu dem wird, was es wie von vornherein schon war, und sich allein im Futurum exactum – es wird gewesen sein – kundgibt«[39]. Lacans Rekurs auf die vollendete Zukunft (futurum exactum) akzentuiert die sich im Subjekt verwirklichende Geschichtlichkeit, die nicht durch das Perfekt bestimmt ist (im Sinne eines immer-schon-gewesen-sein), sondern durch die unabschließbare Vollendung des immer-schon-gewesen-sein *wird.* Das heißt, Geschichte kann nie ganz erinnert werden, kann von dem Subjekt, das versucht ihr nachzuspüren, nie ganz eingeholt werden. Immer bleibt sie »antizipierte Nachträglichkeit«. Nicht das bereits konstituierte Subjekt tritt in die symbolische Ordnung ein; vielmehr wird es am Ort des Anderen zum Sub-jekt, genauer gesagt: es *wird* gewesen sein, wobei in diesem »wird« die Betonung liegt, daß es nie ganz zu sich selbst kommen kann. Denn die synchrone Struktur der Signifikantenkette vermittelt das Bedürfnis nur symbolisch. In dieser aber begegnet das Subjekt keinem rein für sich existierenden System, sondern einer Ordnung, die sich schon immer in einem Miteinandersein befand (Diachronie).

Als sprechendes Wesen findet sich das Subjekt ($) in dieser Ordnung wieder. Doch es findet sich als gespaltenes vor, das von nun an einer Sehnsucht unterliegt, die es für immer an ein Verlorenes fesselt. Der Strom des »pré-texte« ist ihm entglitten, und so oft es sich auch aus dem Fluß des Signifikanten zu retten sucht, sei es in der Aufhebung des Mangels durch seinen Anspruch auf Liebe, sei es durch die Fesselung im Spiegelbild, findet es sich eingefangen im Netz einer signifikanten Artikulation, die schon in ihrem Ursprung Begehren des Anderen ist.

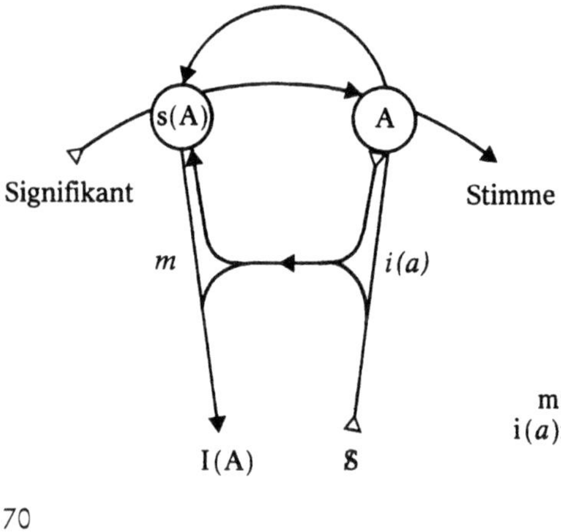

m: Ich (*moi*)
i(*a*): Bild des andern
(*image de l'autre*)

Graph II[40] ist eine Erweiterung des ersten Graphen, in den die Figur der imaginären Verdoppelung [m; i(a)] eingetragen ist – jene »Herrschaftsfunktion, Prunkgebärde, festverankerte Rivalität«[41] des narzißtischen Ich, dessen Bildung im Spiegelstadium wir kennenlernten.

»Dieser imaginäre Prozeß, der vom Spiegelbild hin zur Konstituierung des Ich auf dem Wege der Subjektivierung durch den Signifikanten verläuft, ist in unserem Graphen bezeichnet durch den Vektor $\overrightarrow{i(a).m}$, der einbahnig verläuft, aber doppelt artikuliert ist, ein erstes Mal kurzschlüssig über $\overrightarrow{\$.I(A)}$, ein zweites Mal wiederkehrend über $\overrightarrow{s(A).A}$. Daraus erhellt, daß das Ich nur dadurch zu einem Abschluß kommt, daß es nicht als Ich (Je) des Diskurses artikuliert wird, sondern als Metonymie seiner Bedeutung«.[42]

Das Doppelverhältnis will ausdrücken, daß die imaginäre Identifikation, die im Bild des anderen [i(a)] ihr Ideal-Ich [moi (m)] zu erkennen glaubt, überlagert wird durch eine symbolische Identifikation I(A) (= Ich-Ideal), die den Weg über A und s(A) nimmt. Der Kreuzungspunkt A der Kurve des Begehrens bezeichnet den Ort des Anderen, den Tresor der Signifikanten, der vom Sprechen (der Stimme) des Anderen besetzt wird, das sich jedoch erst in s(A), dem »point de capiton« (dem Steppunkt) – nachträglich – mit Bedeutung und Sinn aufgeladen findet. Wiederum stoßen wir hier auf jene nachträgliche Effizienz, die den Zusammenhang zwischen der Sprache und der Geschichte des Subjekts erhellt. Diese Geschichte war schon niedergeschrieben in einem Gewebe intersubjektiver Sprachbeziehungen, in dessen Textur der Wunsch seinen unbewußten Text findet. Das Begehren verschiebt diese Sprachbeziehungen, verdichtet sie in den Knotenpunkten ihrer Struktur und läßt neue Muster daraus entstehen, indem es immer wieder durch die Maschen drängt. Es folgt dabei der Gleitbewegung des Signifikanten, die nie zum Abschluß kommt, da hinter jedem Begehren, das auf Erfüllung drängt, bereits ein neues lauert. In diese Bewegung der Sprache – als Ort einer irreduzierbaren Entfremdung – geboren, vermag das Subjekt weder zu verstummen noch kann es in seinem Begehren zu einem Abschluß gelangen. Darin liegt die tiefe Wahrheit des menschlichen Begehrens und zugleich der eigentliche Grund jenes Unbehagens in der Kultur[43], von dem Freud sprach. Und darin liegt die Erkenntnis Lacans, daß er diese Wahrheit nicht als Mangel an Haben, sondern als Entzug an Sein entlarvt.

Wie aber kann Lacan jener Wahrheit genügen, die die scheinheilige Alltagsmoral, die ständig auf der imaginären Jagd nach Erfüllung und Lust ist, zurückweist, ohne ihrerseits die sexuelle Dimension des Lusterlebens zurückzuweisen? Dieser Frage gilt unser nächstes Kapitel.

4. Ödipus und die Bedeutung des Phallus. Trieb und Sexualität in der Engführung des Signifikanten

> »Jeder Leser Freuds, denke ich, wird sich seiner ersten Eindrücke erinnern: Eine unglaubliche Voreingenommenheit für die am wenigsten wahrscheinlichen Interpretationen, ein fanatisches Insistieren auf dem Sexuellen. Und alles in seinen verfallenen, pervertierten Formen: Bedeutung, Wort, Handlung – heruntergekommen zu lächerlichen Kalauern. Doch – je mehr man liest, sich selbst einbringt, und je mehr die Jahre vergehen, desto klarer stellt sich eine nicht erklärbare Evidenz psychoanalytischer Erkenntnisse ein. Und schließlich macht man seinen Frieden mit dieser unbarmherzigen Hermeneutik.«
>
> *M. Merleau-Ponty*[1]

Was im vorstehenden Zitat der französische Philosoph Merleau-Ponty über den ersten Umgang mit den Schriften Freuds schildert, trifft wohl in gleicher Weise auf den Leser zu, der einen Einblick in Lacans Abhandlungen zur Bedeutung des Phallus[2] zu gewinnen sucht. Auch er findet sich hier konfrontiert mit einer unglaublichen Voreingenommenheit für die pervertierten Formen des Sexuellen: Verführung, Kastration, Penisneid, infantile Perversität, Phallusprimat, Inzest und Vatermord – in der psychoanalytischen Praxis unter dem Oberbegriff »Ödipuskomplex« zusammengefaßt.

Es verwundert zunächst, daß der Strukturalist Lacan dem Problemfeld menschlicher Sexualität und Triebhaftigkeit solch eine wesentliche Bedeutung zukommen läßt. Fanden wir nicht bislang seine Theorie gerade dadurch gekennzeichnet, daß sie, auf dem Felde der Linguistik argumentierend, allem Animalischen, Instinktbezogenen und Triebhaften den Kampf ansagte und stets bemüht war, die Freudsche Lehre von ihren naturalistischen Schlacken zu reinigen? Gehört aber das, was sich »Trieb« nennt und all jene ungezähmten Leidenschaften im Menschen erweckt, nicht seiner biologisch-organischen Seite an? Kennzeichnet der Sexualtrieb den Menschen nicht geradezu als »homo natura«?

Beleuchten wir also das Thema Sexualität, auf welchem Lacan so hartnäckig insistiert, und erschließen wir es zunächst anhand des Freudschen Triebbegriffes und seiner Verwendung bei Lacan, um uns anschließend der ödipalen Triebstruktur und jenen »pervertierten Formen« zuzuwenden.

1905 führte Freud in der Schrift *Drei Abhandlungen zur Sexualtheorie* den Terminus »Trieb« ein und definierte ihn »als die psychische Repräsentanz einer kontinuierlich fließenden, innersomatischen Reizquelle«[3]. Damit sprach er dem Trieb einen doppelten Stellenwert zu, nämlich die naturbedingte Komponente eines unspezifischen, organismischen Drangs *und* seine psychische Erlebbarkeit zu sein. Der Entwicklung des Triebbegriffs in den Freudschen Texten zu folgen ist nicht einfach, denn sein prekärer Status als Grenzbegriff zwischen Körperlichem und Seelischem läßt diese Entwicklung einen komplizierten Verlauf nehmen. Einerseits verliert sich die Spur des Triebes im Dunkel des Soma und erscheint dort als das Naturhafte des Menschen, um andererseits auf der psychischen Ebene wieder aufzutauchen; bald lokalisiert sie sich als innere, konstante Reizquelle mit dem Ziel der Erregungsabfuhr, die jedoch der Repräsentanz durch Vorstellungen bedarf, um im Seelischen erlebbar zu werden. Schließlich verliert sie sich hinter dem Es, jenem »Kessel voll brodelnder Erregungen«[4], und läßt uns in den

Trieben »mythischen Wesen, großartig in ihrer Unbestimmbarkeit«[5], begegnen.

»Ich lasse für meinen Teil den Mythenbegriff beiseite«[6], argumentiert Lacan in bezug auf den Freudschen Triebbegriff und beschreibt den Trieb als »jene Montage, mit deren Hilfe die Sexualität am psychischen Leben partizipiert, und zwar auf eine Weise, die der Struktur des Aufklaffens/structure de béance angepaßt sein muß, die die Struktur des Unbewußten ist«[7]. Diese Struktur fanden wir bei Lacan als sprachanalog bestimmt. Als solche aber ist sie einer anderen Ordnung als der naturbedingten unterworfen. Das bedeutet zunächst, daß der primär unspezifische Trieb nicht jenem unmittelbaren Kreisverlauf von Triebreiz und Triebbefriedigung unterliegen kann, wie er allein der biologischen Instinktrealisierung vorbehalten ist. Denn im Gegensatz zur Funktion des Biologischen, die rhythmisch verläuft, wirkt der Trieb, wie schon Freud betonte, »nie als eine momentane Stoßkraft, sondern immer wie eine konstante Kraft«[8]. Wenn Lacan für den deutschen Begriff »Trieb« die französischen Übersetzungen »dérive« (Abdrift) oder »pulsion« vorschlägt, so deshalb, weil er im Drang des Triebes eine ununterbrochene Bewegung sieht, in deren zeitlichem Pulsieren das Subjekt des Begehrens immer wieder auftaucht und verschwindet. »Wie es zugeht, daß die empfundene Lust das Bedürfnis nach größerer Lust hervorruft, das ist eben das Problem«[9], notierte Freud und bezieht sich dabei auf den Charakter des Ununterdrückbaren. Jede Lust erweist sich als Begehren, das nach einem Mehr an Lust drängt, die – mit Goethes Worten ausgedrückt – »ungebändigt immer vorwärts dringt« (Mephisto, in: Faust I, Studierzimmer II). Auch Nietzsche spricht dieses Moment an, wenn er sagt: »Denn alle Lust will Ewigkeit, will tiefe, tiefe Ewigkeit!« (Zarathustra, III. Teil) In diesem Sinne wäre der Mensch nicht mehr als Naturwesen zu verstehen, sondern als Wesen, das sich ständig auf der Suche nach Lust, die letztendlich unstillbar ist, befindet.

Doch jene Suche verwehrt es dem Menschen, einsam zu bleiben. Denn ist der Sexualtrieb nicht, wie kein anderer Trieb, auf den »Nebenmenschen«, auf den begehrten Anderen angewiesen? So kann es nicht erstaunen, wenn Freud gerade ihn als Prototyp alles Triebhaften bestimmt. Doch wo Freud noch schwankt zwischen Natur und Sozialität, wird von Lacan ein fester Standpunkt eingenommen: Der Trieb ist immer schon sprachlich und symbolisch vermittelt, da sein Drängen sich nur am Ort des Anderen äußern und entäußern kann – entfernt von allen biologischen Ursprüngen. In diesem Sinne spricht Lacan von der Struktur des Aufklaffens: »der Weg des Subjekts verläuft zwischen zwei Mauern des Unmöglichen«[10], zwischen der *realen Befriedigung* auf der einen und der *imaginären Erfüllung* auf der anderen Seite. Denn wie wir bereits erfuhren, kann das Begehren sich nur diesseits der realen Bedürftigkeit und jenseits des imaginären Anspruchs auf Liebe verwirklichen. Liegt das Charakteristikum des Instinktes darin, daß er intentional einem eng umgrenzten Objekt zugewandt ist, so zeichnet sich das des Triebes dadurch aus, daß er weder einem natürlichen Objekt noch einem natürlichen Ziel zugeordnet ist. Fern jeder Harmonie zwischen dem, was die Realität bietet, und dem, was dunkel gesucht wird, besteht eine unüberbrückbare Kluft. Insofern begegnet das *Reale* als die eine Schranke des Unmöglichen. Denn wo auch immer der Trieb an das Reale stößt, um dort sein Objekt zu ergreifen, findet er sich abgelenkt vom direkten Weg der Lusterfüllung. Er wird auf jene Umwege gedrängt, die wir bei Freud als die Not des Lebens beschrieben fanden. Lacan bemerkt dazu:

»Genau in der Funktion, in der das Sexualobjekt sich auf die Seite der Realität schlägt und sich als ein Packen Fleisch präsentiert, entspringt die so offenkundige Form von Desexualisierung, die man beim Hysteriker als Ekelreaktion bezeichnet.«[11]

Die Reduktion der Sexualität auf eine wie immer geartete Realitätsfunktion kann nur ein Verfallssymptom der Sexualität sein, da hier das unmittelbare Bedürfnis sich schutzlos von der Gewalt des Realen verschlungen sieht.

»Es ist sogar das Charakteristische des Lustprinzips, daß das Unmögliche in ihm so gegenwärtig ist, daß es als solches nie erkannt wird [...] unterscheidet man am Ausgangspunkt der Dialektik des Triebs die *Not* vom *Bedürfnis* – so geschieht dies deshalb, weil kein Objekt irgendwelcher *Not/besoin* imstande wäre, den Trieb zu befriedigen.«[12]

Deshalb paßt auf den Trieb nicht das Bild vom wilden Tier, das, vom *Bedürfnis* gedrängt, seine Höhle auf der Suche nach einem Objekt verläßt, das es verschlingen kann, um sodann befriedigt zu seinem Ausgangspunkt zurückzukehren. Vielmehr ruft die dem Trieb verhaftete *Not* das Auftauchen des Anderen als ein mir gegenüber artikuliertes Begehren (nicht nur als bedürfnisbefriedigendes Objekt!) auf den Plan. Dies hat zur Folge, daß der Trieb von nun an der Vermittlung durch das Begehren des Anderen bedarf. Somit aber zirkuliert der Trieb in einem Netz intersubjektiver Beziehungen, in dem er lustverheißenden Zielen zustrebt, in flottierender, luxurierender Weise Objekte verfolgt und nicht selten seine Befriedigung von phantasierten Bedingungen abhängig macht, die dann sowohl die Objektwahl als auch die Anwendung der Aktivitäten streng determinieren. Strauchelnd an der zweiten »Mauer des Unmöglichen« – der Einlösung des imaginären Liebesanspruchs, die sich in der Suche nach dem Augenblick, in der Sehn-Sucht nach stillbarer Lusterfüllung verzehrt –, wechselt der unstillbare Trieb seine

Objekte, verschiebt das Ziel und verlagert es gewissermaßen ins Unendliche. »Wie kann man erstaunt sein«, meint Lacan in bezug auf Freuds Todestriebhypothese, »daß sein letztes Ziel der Tod ist!«[13]

Mit seiner Interpretation der Triebe kommt Lacan zum Teil der anthropologischen Lehre vom menschlichen »Antriebsüberschuß« entgegen, wie sie z. B. von A. Gehlen[14] dargelegt wurde. Gehlen beschreibt, wie es dem instinktreduzierten Menschen gelingt, seine primär unspezifischen und daueraktiven Antriebe an den »Dingen der Welt« zu formen, sie in »eigentätigem Handeln« zu spezialisieren und schließlich in den Dienst gesellschaftlicher Anforderungen zu stellen. Lacan indessen macht darauf aufmerksam, daß das exzentrische Skandalon des Begehrens – als das er den intersubjektiv ausgerichteten Trieb*wunsch* in Differenzierung zum solipsistisch verbleibenden Trieb*bedürfnis* weiterdenkt – gerade darin liegt, daß es sich weder an den Objekten der Welt entlasten kann noch in den Institutionen (in Form reformierter und erlaubter Bedürfnisse) kanalisieren läßt.

Die Unmöglichkeit, Bedürfnis und Begehren zur Deckung zu bringen, schreibt der Triebstruktur eine unaufhebbare Negativität ein, die die Seinserfahrung des Menschen als die des Mangels, des Entzugs an Sein, bestimmt. In diesem »Seinsverfehlen« sieht Lacan die »condition humaine« verankert. Doch der Mangel an Sein läßt sich nicht reduzieren auf eine biologische Mangelausstattung, wie sie in der Gehlenschen Bestimmung des Menschen als Mängelwesen impliziert ist. Ihm liegt als Antriebskraft vielmehr das Begehren selbst als das fundamentale Verlangen nach Liebe und Erfüllung zugrunde.

Zu fragen bleibt nun, wie sich diese Struktur des Menschen mit der ontogenetischen Triebentwicklung verschränkt und in welcher Weise das »exzentrische Begehren« den Bogen spannt bis hin zu jenem ödipalen Schicksal und seinem Angelpunkt, der Kastration.

An diesem Punkt stoßen wir aber auf das eigentlich Skandalöse der Lacanschen Theorie: Sie zeigt nämlich auf, daß der unstillbare Trieb, allem Naturalistischen fern, ausgezeichnet durch die Variabilität seiner Objekte, sich nun *doch* einem Objekt naturwüchsiger Realität zu verschreiben scheint – nämlich dem Phallus. Um ihn kreisen die Angst, die Drohung bzw. der Komplex des Subjekts, sich seiner verlustig vorzufinden. »Im Kastrationskomplex sehen wir den hauptsächlichen Grund für die Subversion«[15], lautet Lacans These. Wieso verknüpft er den Trieb so entschieden mit dem Ödipuskomplex und insistiert auf dem Primat des Phallus? Dieses Insistieren sucht – wie er selbst bemerkt – jene erfrischend »theoretische Leidenschaft« der psychoanalytischen Diskussion um die phallische Funktion in den Jahren von 1928 bis 1932 wiederzugewinnen, die ihm nicht zuletzt durch die »Transplantation« der Psychoanalyse nach Amerika völlig verlorengegangen scheint.[16] Lacan rüttelt also an der längst eingeschlafenen Debatte um den »gewachsenen Fels« – wie Freud den Kastrationskomplex einmal bezeichnete – und will bloßstellen, was »alles Denken vermieden, übersprungen, umgangen oder zugepappt hat«[17]. Und er tut dies auf seine ihm eigene Art: evozierend und provozierend.

»Darum ziehen wir es vor, die, die uns folgen, an Orte zu führen, wo die Logik durcheinander gerät durch die Disjunktion, die vom Imaginären zum Symbolischen hin aufbricht, und zwar nicht, weil wir unsern Spaß hätten an den hier entstehenden Paradoxien oder an der sogenannten Krisis des Denkens, sondern vielmehr, weil wir ihren falschen Schein zurückführen wollen auf die Kluft, für die sie einstehen, und die für uns immer erbaulich war, vor allem aber, um zu versuchen, in methodischer Absicht hier eine Art Kalkül aufzustellen, durch dessen Unangemessenheit gerade das Geheimnis aufgelöst werden könnte.«[18]

Lacan spricht hier jenes »Geheimnis« an, das in Freuds Theorie über das infantile Sexualleben als das »unangemessenste« erscheint: *Beide* Geschlechter beziehen sich auf das Primat des Phallus, und *beide* unterliegen dem Kastrationskomplex. Für das Mädchen bestimmt er den Beginn, für den Jungen den Ausgang des ödipalen Konflikts. Warum machte Freud dieses Paradoxon, das die eigenständige sexuelle Identität der Frau vernachlässigt, zum Angelpunkt der Psychoanalyse? Warum steht auch die Frau unter der Macht des Phallus und damit des *einen* männlichen Geschlechts? Wieso soll *ihre* geschlechtliche Entwicklung durch *seinen* Verlust gekennzeichnet sein? Ein Verlust, den sie doch realiter nie nachvollziehen kann, da sie nie im Besitz des Verlorenen war!

Gut sechzig Jahre nach Freuds Theorie und gerade zu einer Zeit, in der sich eine soziale Revolution mit dem Ziel, patriarchale Autorität abzubauen und die Emanzipation der Frau voranzutreiben, ihren Weg bahnte, will Lacan uns an den Ort der Freudschen Paradoxie zurückführen. Geht er nicht wiederum von der männlichen Logik aus, wenn er – das Geheimnis auflösend – postuliert: »La femme n'existe pas« – »Es gibt nicht *Die* Frau«[19]? Scheint es nicht geradezu unmöglich, seinen Frieden zu schließen mit dieser »unbarmherzigen Hermeneutik«, wie Merleau-Ponty es in bezug auf Freud ausdrückte? Es kann nicht verwundern, daß diese Behauptung – damals wie heute, im Kreise seiner Kritiker, aber auch seiner Anhänger – zu den heftigsten Auseinandersetzungen führte und Lacan sich dem Vorwurf stellen mußte, er verkörpere »in seiner Lehre eine Phallokratie«[20].

Doch versuchen wir erst zu verstehen – und dann zu deuten! Dies ist nur möglich, wenn wir erneut den Weg beschreiten, der Freud zur Theorie der Kastration geführt hat. Dieser Weg führt uns zunächst zurück in die griechische Welt der Mythen, zu

Ödipus, einem Drama von Sophokles. Das Schicksal von Ödipus liegt darin, daß er, ohne es zu wissen, seine Mutter heiratet und seinen Vater erschlägt. In dieser erschütternden Wahrheit, mit der der Mythos *ausspricht,* was sonst *verschwiegen* wird, erkennen wir nach Freud unser eigenes Schicksal wieder, ohne es (bewußt) zu kennen. »Sein Schicksal ergreift uns nur darum, weil es auch das unsrige hätte sein können«, schreibt Freud.[21] Ödipus selbst wird in jener Tragödie von Sophokles als ein Wahrheitssuchender vorgestellt; die Wahrheit seiner selbst erreicht er erst dann, als er, um seine Tragik wissend, sich seines Augenlichts beraubt. So wird Ödipus vom Sehenden, der um seine Wahrheit nicht weiß, zum Blinden, der seine Verstrickung erkennt, nachdem ihm der blinde Seher Tiresias, den Sophokles als die »Kraft der Wahrheit« bezeichnet, diesen Weg wies. Bedeutsamerweise hat eben jener Tiresias auch Narziß geweissagt, daß dieser zu hohem Alter gelange, »wenn er sich fremd bleibt«[22].

Auf ein Stück »faktischer« Wahrheit dieses Mythos glaubte Freud in den Anfängen seiner Patientenanalysen gestoßen zu sein, führten doch deren Erinnerungen immer wieder zum traumatischen Punkt einer in der Kindheit erlebten sexuellen Verführungsszene. Als er jedoch im Laufe seiner Selbstanalyse das ödipale Drama als sein eigenes inneres Schicksal entdeckte, erkannte er, daß den Verführungsszenen unbewußte Phantasien und Wünsche zugrunde lagen, die sich weniger auf die »materielle« als auf die »psychische Realität« bezogen. Aus diesem Grunde gab er die Verführungstheorie[23] weitgehend auf. Freud rückte die tatsächlichen Ereignisse in den Hintergrund, um die innerpsychische Realität ernst zu nehmen. Diese zeigte sich ihm als sexuell-erotische Wunschwelt, die von den Patienten als unerlaubt und peinlich empfunden und daher abgewehrt wurde, handelte es sich doch um längst verdrängte sexuelle Regungen aus der Kindheit, die auffallend häufig »perverser« Art waren. Und in diesem Geflecht von unbewußten Wünschen und Verführungsphantasien entdeckte Freud die »Existenz« eines intensiven kindlichen Sexuallebens. Deutlich wurden die enorme Bedeutung der Libido in ihrem Bezug zu den Objekten, die verschiedenen Phasen libidinöser Triebentwicklung und das vielgestaltige Spiel der Partialtriebe, die zunächst unabhängig voneinander in der genitalen Organisation zusammenfinden.

So stieß Freud auf der Suche nach ontogenetischen Fakten auf eine andere Art von Wahrheit: die des Ödipuskomplexes. Eine Wahrheit in der phantasmatischen Beziehungswirklichkeit zwischen Vater, Mutter und Kind, die er als eigenes *individuelles* Drama erkannte und auf die er regelmäßig in den Patientenanalysen stieß. Mehr und mehr gelangte er zu der Erkenntnis, daß der Mythos von Ödipus, der »einem alten Traumstoff entsprossen ist«[24], nicht nur der Kernkomplex der Neurosen sei, sondern *universelle* Gültigkeit besitze, die jeden Menschen betreffe, weil die infantile Sexualität in ihm gipfele.

Nun zeigt sich aber die Sexualität des Erwachsenen nicht als dieselbe wie die des Kindes. Warum enthüllten sich dann Freud in den Wunschphantasien der neurotischen Patienten, die durchaus erwachsene und respektable Menschen waren, regelmäßig Regungen aus der frühen Kindheit, darunter jene sexuellen »Abirrungen«, die dem Erwachsenen »verpönt« sind? Freuds Antwort darauf war, daß das Symptom des Neurotikers Leugnung und Ausdruck eben jener verdrängten Kindheitswünsche sei. Wenn aber die vergessenen sexuellen Wünsche sich in ihrer Art als infantil, pervers und polymorph zeigten, so konnte das nur darin begründet sein, daß die kindliche Sexualität selbst die Züge des Polymorph-Perversen trägt. Mit der Entdeckung der kindlichen Sexualität widersprach Freud der um 1900 vorherrschenden Meinung, das Sexualleben beginne erst mit den Reifungsvorgängen der Pubertät und ranke um die geschlechtliche Vereinigung im Sexualakt. Er zeigte, daß die kindliche Unschuld lediglich ein frommer Wunsch war, und wies nach, daß die Sexualität des Kleinkindes eine Gestalt annimmt, die wir beim Erwachsenen als pervers etikettieren würden.

Aus Freuds Postulat, die kindliche Sexualität sei polymorph-pervers, können wir zwei wichtige Erkenntnisse gewinnen. Zum einen erweiterte Freud das Feld dessen, was allgemein als sexuell bezeichnet wurde. Sexualität beschränkt sich weder allein auf lustbezogene genitale Aktivitäten, noch ist sie auf die Befriedigung physiologischer Bedürfnisse reduzierbar. Zum anderen machte er damit deutlich, daß die »Pervertierung«, die im Feld des menschlichen Sexualtriebes auftritt, zum normalen Entwicklungsvorgang jedes Kindes gehört und daß dieser sexuelle Infantilismus zum Teil in das Erwachsenenleben einmündet. Das heißt aber, daß die sogenannte Perversion beim Erwachsenen nicht allein auf eine biologisch verwurzelte Triebhaftigkeit zurückgeführt werden kann, sondern nur zu verstehen ist im Rahmen der individuellen und sozialen Entwicklung. Da die Grenze zwischen normalem und pathologischem Sexualverhalten fließend ist, kann letzteres nicht einfach als abnormal disqualifiziert werden. Perversion und Neurose unterscheiden sich nur graduell von der Gesundheit; sie sind als Regression auf die unbewußten Fixierungen der Libido in der Kindheit zu verstehen.

Freuds »Aufklärung« in diesen Punkten stieß bei den meisten seiner Zeitgenossen auf größten Widerstand. Denn er stellte die Sexualität in einen Zusammenhang, in dem der starre Dualismus von gut und böse, von normal und abnormal, von Natur und Ratio keine Geltung mehr haben konnte. »Der unerträgliche Skandal zu der Zeit, als die Freudsche Sexualität noch nicht als heiliggesprochen galt, bestand darin, daß sie so ›intellektuell‹ erschien. Darin erwies sie sich als würdige Komparsin all jener Terroristen, deren Verschwörungen die Gesellschaft zugrunde richten sollten.«[25]

Lacans Rückkehr zu Freuds Trieblehre vollzieht sich abermals auf dem Weg, der durch die Erkenntnisse der strukturalen Linguistik geebnet wurde. An ihr orientiert, kann Lacan aufzeigen, daß das im Unbewußten angesiedelte Triebgeschehen Sprach- bzw. Symbolcharakter hat. Die Bedeutung des Symbols sahen wir dadurch bestimmt, daß es seinen Wert durch seine Stellung innerhalb der Signifikantenkette erhält. Weiterhin sahen wir, daß es das Objekt, dem es sich auferlegt, in gewisser Weise negiert und es mit dieser Negation zum Element der symbolischen Ordnung erhebt.

Hinsichtlich der infantilen Sexualität stellt sich nun die Frage, wie diese in das Netz der Signifikanten eingeht und libidinöse Objekte umkreist; wie sie sich auf eine Vielfalt erogener Körperzonen richtet, an welchen sie eine große Variationsbreite lustbezogener Betätigungs- und Ausdrucksmöglichkeiten entdeckt – und warum sie sich schließlich in diesem Netzwerk auf besondere Weise dem Phallus verschreibt, von dem Lacan behauptet, er sei der Signifikant des Signifikanten.

»Nirgendwo im Subjekt ist die *ganze Sexualstrebung* faßbar«![26] – Mit diesem aus der Freudschen Triebtheorie gewonnenen Ergebnis weist Lacan immer wieder darauf hin, daß das Sexualverhalten ausschließlich vom Spiel der Partialtriebe her verstanden werden kann. Dazu ist anzumerken, daß die Sexualität nicht eine gleichförmige Einheit darstellt, der das ganze Leben des Menschen unterstellt wäre. Das Sexualverhalten zeigt sich vielmehr in einer Konfliktualität widersprüchlicher Regungen. Die Sexualität kristallisiert sich aus einer Vielfalt von Triebkomponenten heraus.

Freud nahm an, daß die einzelnen Partialtriebe zunächst unabhängig voneinander nach (autoerotischer) Befriedigung streben, sich je nach Lebensphase an verschiedene erogene Zonen fixieren, um schließlich im Laufe der Entwicklung immer mehr zentriert zu werden. Er unterschied die prägenitale von der genitalen Organisationsstufe und sah in der *Oralität* die früheste Form kindlich-libidinösen (Trieb-)Verhaltens. Eine Differenzierung des kindlichen Triebverhaltens gewann er durch die Herausarbeitung der vier Bestimmungselemente des Triebes: Quelle, Drang, Ziel und Objekt.

In der oralen Stufe (0-2 Jahre) ist der Erfahrungsbereich des Kindes überwiegend an die Quelle der Nahrung geknüpft und um die erogenen Zonen des Mundes zentriert. Einen signifikanten Platz auf dem langen Weg der Objektfindung nimmt hier die Mutterbrust ein. Doch muß dieses nahrungs- und lustspendende Objekt zunächst »als Ding« verlorengehen, damit es »symbolisch« wiedergewonnen werden kann. Die Mutterbrust wird vom Kind primär als zum eigenen Körper gehörend empfunden. Obwohl es sich mit ihr symbiotisch verschmolzen glaubt, zeigt sich die Mutterbrust als widerständig, erscheint sie doch auf der Seite des Anderen, der Mutter. Sie bleibt ihm deshalb als ein Teil seiner selbst bzw. als Objekt versagt, das sich wie Nahrung einverleiben läßt. Man könnte also sagen, daß sich die Libido in dieser Ablösung vom Ding (Mutterbrust) am Rand des primären Befriedigungserlebnisses situiert, nämlich sowohl jenseits der Einverleibung des Objekts als auch diesseits der halluzinatorischen Wunscherfüllung.

Lacan spricht in diesem Sinne von der Einschreibung einer *Randstruktur*, die sich wie ein Schatten jener »Randerfüllung« bei den erogenen Zonen wieder ausprägt. Die Randstruktur bewirkt, daß nicht die zusammenhängenden Zonen des Organismus, sondern seine Ränder (der Mund, die Lippen, die Reizbarkeit der Schleimhäute) zu Quellen der Erogenität werden, da diese eine reale Kontinuität unterbrechen. Daß die auf den »Rand« bezogene Lust etwas anderes angeht als den puren Organismus, verdeutlicht Lacan im folgenden Schaubild[27]:

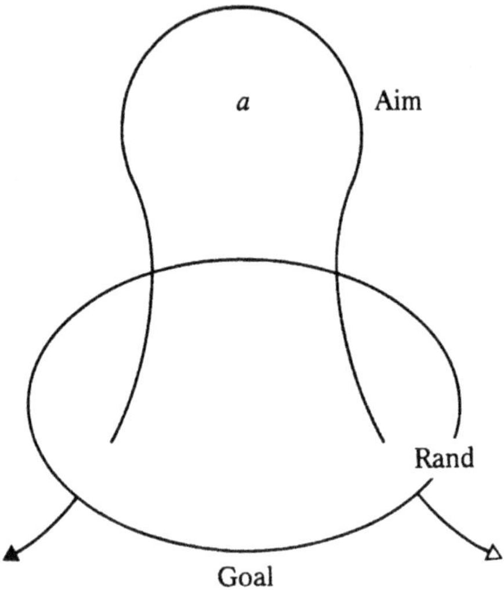

Der *Drang* des Triebes – gekennzeichnet durch den auf- und wieder absteigenden Pfeil – schneidet an seinem Ursprung eine kreisförmige Fläche (goal), in deren Randstruktur wir die erogene Zone vorfinden: die *Triebquelle.* Dem *Ziel* des Triebes verleiht Lacan den englischen Terminus »aim« (der Weg/la trajet), da dieser weniger einen Fixpunkt als den Weg bezeichnet, den der Trieb dorthin zu nehmen hat. So bezieht sich die Form des Zieles (goal) wie beim Bogenschießen »nicht auf den Vogel, den Sie aus der Luft holen, es bezieht sich vielmehr darauf, daß der Streich sitzt und Sie dadurch Ihr Ziel erreicht haben«[28]. Doch gerade dieser Schuß ins Schwarze ist es, der zur Täuschung führt, da wir das *Objekt* (klein a) nur allzuoft mit dem verwechseln, worüber der Trieb sich schließt. Denn wie Lacan betont, erweist sich das Objekt in seiner Realität (hier: der erschossene Vogel) nur noch als ein Stück totes Fleisch. Das Objekt (klein a) kann seine Einführung in die Sprache nicht dem Umstand verdanken, daß es a priori das ursprünglich Lust- und Nahrungsspendende wäre, sondern daß keine lustvolle Nahrung je dem Trieb genügen würde, »es sei denn, sie umkreise das ewig fehlende Objekt«[29]. Die Kreisbahn des Triebes ist also nicht an den Organismus geschmiedet, sondern nimmt ihren Anfang am Ort des Begehrens des Anderen. Der Weg dorthin aber ist gekennzeichnet durch den Verlust des Objekts und den Mangel, den dieser nach sich zieht. Der Mangel aber provoziert das Begehren. Und wenn für das nach libidinöser Erfüllung strebende Subjekt fortan »der Streich sitzen« soll, kann es nur den Weg gehen, der hinführt zum Spiel symbolischer Substitutionen. Diesem Spiel begegnen wir z.B. im kindlichen Daumenlutschen, das noch schwankt zwischen der Berührung zum Realen und der symbolischen Beziehung zum Anderen.

Ebenfalls sichtbar wird diese Triebstruktur beim Übergang von der oralen zur analen Stufe (1-3 Jahre), den Lacan »nicht in Form eines Reifungsprozesses« im Sinne der evolutionären Annahme einer Triebreifung versteht, sondern »durch das Intervenieren, die Umkehrung, des Anspruchs des Andern«[30]. Die libidinöse Seite der Ausscheidungsfunktion bezieht sich allein auf das Begehren der das Kind zur Reinlichkeit erziehenden Personen und enthüllt sich in der Lust des Gebens oder Behaltens des Darminhaltes. Ein abgelöstes Objekt, die Mutterbrust, wird ersetzt durch ein anderes ablösbares, den Kot, der warm wie die Milch der Mutter sein kann, dessen Absonderung jedoch die Vereinigung mit der Mutter nicht mehr erfordert. Dieses symbolische und immer wiederholte Spiel um das »fallengelassene« Objekt gewinnt seine Bedeutung daraus, daß es sich – ähnlich der Spiegelszene – um die imaginäre Selbstbehauptung des Subjekts in bezug auf den Anderen dreht. Hier steht nicht mehr der Anspruch *an* den Anderen im Vordergrund, der in der oralen Stufe als Anspruch an die nahrungsspendende Mutter vorherrscht, sondern der Anspruch *des* Anderen im Sinne eines »Du kannst es auch ohne mich, aber ich will sehen, ob du es kannst!« Es ist die Phase der Alternative zwischen Du oder Ich, Geschenk oder Verweigerung, Hergebenmüssen oder Besitzenkönnen, wie wir sie in der Hegelschen Dialektik von Herrschaft und Knechtschaft beschrieben fanden. Der Träger des Begehrens ist nicht das ausscheidbare Objekt, sondern der Andere, der sein Augenmerk darauf richtet. Unter diesem Aspekt kann Lacan den Exhibitionismus als Anruf an den Anderen deuten, zu schauen und beschaut zu werden. Auch den Sadomasochismus sieht er in jener narzißtischen Struktur identifikatorischer Selbstfindung verankert.

Der Phallus aber – als Signifikant der dritten, phallischen Stufe (3-5 Jahre) symbolisiert ein Organ, das weder abgelöst ist wie die mütterliche Brust noch ablösbar wie der Darminhalt. Wie kann der Phallus also das bezeichnen, was sich von der körperlichen Ganzheit seines Trägers ablöst, um in Folge der Signifikantenwirkung als Mangelndes aufzutauchen? Spezieller gefragt: Wieso ist beim Knaben, der den Penis als reales Organ besitzt, ein Prozeß der Negativierung notwendig, ehe er noch zu seiner Funktion als reales Organ findet? Warum sollte sich je vom Mädchen das, was es nie besaß, symbolisch ablösen und als Verlust empfunden werden?

Mit dieser speziellen Frage ist bereits ein wesentlicher Aspekt angesprochen: der markante anatomische Unterschied zwischen Knabe und Mädchen. Und genau dieser Unterschied markiert den Punkt, den Freud in seiner Theorie über die infantile Genitalorganisation nicht zu berücksichtigen scheint: »Der Hauptcharakter dieser *›infantilen Genitalorganisation‹* ist zugleich ihr Unterschied von der endgültigen Genitalorganisation der Erwachsenen. Er liegt darin, daß für beide Geschlechter nur *ein Genitale*, das männliche, eine Rolle spielt. Es besteht also nicht ein Genitalprimat, sondern ein Primat des *Phallus*. Leider können wir diese Verhältnisse nur für das männliche Kind beschreiben, in die entsprechenden Vorgänge beim kleinen Mädchen fehlt uns die Einsicht.«[31] Das Paradoxe liegt darin, daß Freud zwar auf den Unterschied der Erwachsenen hinweist, gleichzeitig jedoch die aus der Sexualtheorie des männlichen Kindes gewonnene Folgerung zieht: es besteht das Primat des Phallus! Und diese Folgerung bleibt trotz mangelnder Einsicht über das Sexualverhalten des Mädchens seine Schlußfolgerung.

Die Gründe, die den Knaben zur Annahme des einen, männlichen Genitales bei allen Menschen führen, sind nach Freud narzißtischer Art, »denn seine Wertschätzung spiegelt sich logisch in dem Unvermögen, eine dem Ich ähnliche Persönlichkeit ohne diesen wesentlichen Bestandteil vorzustellen«[32]. Und es ist diese Persönlichkeit, die im identifikatorischen Spiegelspiel mit seinesgleichen in den Vordergrund tritt, in dem der Knabe sich am anderen zu messen sucht. So bezieht er das Erstaunen, sich im Mädchen anders gespiegelt zu finden, nicht etwa auf das Fehlen des Objekts, sondern darauf, daß es »noch so klein« sei. Der weibliche Penismangel erscheint ihm als das Ergebnis einer Kastration, und der Knabe steht nun vor dem Problem, daß er selbst kastriert werden könnte. Die Kastrationsangst verstärkt sich durch die Drohungen der Eltern, die nicht selten dem Masturbationsverbot beigesellt sind. Diese knabenhafte Vorstellung einer narzißtischen Schädigung durch Verlust seines »wesentlichen« Körperteils spricht Freud ad hoc auch dem Mädchen zu:

»Es ist sofort bereit, es [das Genitale des Knaben] anzuerkennen, und es unterliegt dem Penisneide.«[33]

Nach Freuds Auffassung führt die Kastration – bzw. die Reaktion auf deren Vorstellung – zum eigentlichen unterscheidenden Moment der Geschlechtsverhältnisse. Der anatomische Geschlechtsunterschied gründet letztendlich auf der narzißtischen Vorstellung des Knaben, der zunächst das Mädchen »kastriert« sieht und dann um sich selber bangen muß. Analog dazu löst seine Feststellung beim Mädchen – sozusagen rückwirkend – das Gefühl eines Defizits aus, dessen Ursprung ihm in der Benachteiligung seiner biologischen Beschaffenheit zu liegen scheint. Was bleibt ihm anderes übrig, als jenen anatomischen Mangel anzunehmen und damit die »Entwertung« des eigenen Geschlechts anzuerkennen? Dies geschieht dadurch, daß es den Wunsch nach dem Penis verdrängt und ihn ersetzt durch den »realen« Wunsch nach einem Kind, da dieser von der Gesellschaft legitimiert ist. Wenn Freud im folgenden die Gleichung Penis = Kind aufstellen kann, dann deshalb, weil er davon ausgeht, daß der unbewußte Wunsch nach den Gesetzen der Verschiebung durch einen anderen ersetzt wird, jedoch niemals »untergeht«. So werden die Gefühle der (späteren) Mutter geprägt sein von jenem verdrängten Begehren nach dem naturgegebenen Penis des Mannes. Das Kind gewährt ihr den unbewußten Wunsch, und sie findet die größte Erfüllung darin, diesen in ihrer Liebe zum Kind zu nähren, indem sie dem Kind das gibt, was ihr vorenthalten blieb.

Wenn Lacan nun gut sechzig Jahre nach Freuds *Abhandlungen zur Sexualtheorie* den Phallus als den Signifikanten bezeichnet, der an einer Leerstelle am Ort des Anderen seinen Platz einnimmt, so scheint er die doch recht krude Ableitung Freuds voll zu bestätigen: »Wenn das Begehren der Mutter der Phallus *ist*, will das Kind, um es zu befriedigen, Phallus sein.«[34] Fast lückenlos reiht sich diese Passage Lacans – die wir in diesem Kontext oft zitiert finden – in die von Freud vertretene Annahme ein. Doch folgern wir nicht zu früh, denn Lacans Festhalten an dem phallischen Aspekt der Kastration weist jeden Bezug auf einen biologisch-anatomischen Mangel weit von sich. Mehr noch: Das Begehren um den Phallus kann sich weder an objektiven Realitäten befriedigen, noch kann es sich erfüllen im imaginären Anspruch an den anderen, z.B. an die Mutter.

»Der Phallus in der Freudschen Doktrin ist kein Phantasma, wenn man unter Phantasma eine imaginäre Wirkung verstehen muß. Er ist als solcher ebensowenig ein Objekt (ein partiales, internes, gutes, böses etc.), insofern dieser Begriff die Realität hervorhebt, die in einer Beziehung angesprochen wird. Noch weniger wohl ist er das Organ, Penis oder Klitoris, das er symbolisiert.«[35]

Die Fallen, in die sich unsere Logik in bezug auf den Phallus verstrickt, sieht Lacan darin, daß man die *Wahl*, die auf diesen Signifikanten fällt – da er den markantesten Unterschied zwischen den Geschlechtern darstellt –, und die *Wirkung*, die man ihm zuschreibt, sei es die der sexuellen Erfüllung oder die der Zeugung, verwechselt mit der *Rolle*, die er im Begehren des Menschen einnimmt. Reduziert auf den Status eines Objekts, bleibt der Phallus letztlich jenem Phantasma verschrieben, das den Penisneid der Frau an ihre naturbedingte Minderwertigkeit und ihre genitale Opferbereitschaft ketten will. Was bliebe ihr übrig in der Berufung auf die »wahre Natur« beider Geschlechter, wenn nicht der tiefe Wunsch nach der Wiederherstellung einer naturrechtlichen Gleichheit, wie sie z.B. Karen Horney und Ernest Jones in Auseinandersetzung mit Freud forderten.[36] Doch wäre das Problem, Mann oder Frau zu sein, damit behoben, löste man es wie Aristophanes im *Symposion* von Platon? Im Mythos von der kugelförmigen Urgestalt des hermaphroditischen Menschen hatte Platon das Dilemma so beseitigt, wie wir es uns alle sehnlichst wünschen und zugleich zutiefst befürchten.

Was aber symbolisiert der Phallus, der weder Organ noch Objekt, noch Phantasma ist? Was privilegiert ihn, wenn nicht die naturgegebene Realität sein Privileg ist? Lacan schlägt in bezug auf diese Problematik vor:

> »Man wird nicht fehlgehen, wenn man die Frage wieder aufgreift, wie Freud zu seiner offensichtlich paradoxen Auffassung gekommen ist. Man wird nämlich einräumen müssen, daß er wie kein anderer angeleitet war in seiner Anerkennung jener Ordnung der Erscheinungen des Unbewußten, deren Finder er war.«[37]

Folgen wir also noch einmal der Freudschen Fährte: Neun Jahre vor der Publikation seiner Schrift *Drei Abhandlungen zur Sexualtheorie* hatte Freud im Ödipuskomplex die Organisation libidinöser und aggressiver Wünsche entdeckt, die jedes Kind seinen Eltern gegenüber empfindet. Sowohl in seiner Selbstanalyse als auch in zahlreichen ausführlichen Fallgeschichten entzifferte er die Mechanismen jener unbewußten Gesetzmäßigkeit und brachte die »vergessenen« Vorstellungen ans Licht, wie wir sie aus der Ödipussage kennen. Der Wunsch des Kindes, den Elternteil des entgegengesetzten Geschlechts zu lieben, trifft auf das untersagende Verbot des gleichgeschlechtlichen Elternteils. Diesem gegenüber baut das Kind eine rivalisierende Beziehung auf, die bis hin zum Todeswunsch führen kann. Aufgrund der bisexuellen Offenheit des Kindes läuft parallel zu dieser »positiven« Form eine umgekehrte, »negative«, nämlich die Liebe zum gleichgeschlechtlichen Elternteil und ein eifersüchtiger Haß auf den gegengeschlechtlichen. In der Dreiecksbeziehung Vater-Mutter-Kind vollzieht sich dieser Prozeß im Unbewußten und muß aufgrund der familiären Realität innerpsychisch bewältigt werden. Ideal verläuft seine Bewältigung dann, wenn er nicht lediglich verdrängt wird, sondern – wie Freud betont – »zugrunde geht«. Am Ende der ödipalen Erfahrung stehen Mutter- bzw. Vater-Identifikationen des Kindes, die sein künftiges geschlechtliches Selbstverständnis als Mann oder Frau bestimmen werden. Aus der innerpsychischen Übernahme der elterlichen Forderungen und Verbote geht das Über-Ich hervor, in dem Gewissen, Schuldgefühl und Verantwortungsbewußtsein wurzeln.

Einen wesentlichen Faktor für den Untergang des Ödipuskomplexes sieht Freud beim Knaben in der »Kastrationsdrohung« durch den Vater, die bestimmend ist für den Verzicht auf das inzestuöse Verlangen nach der Mutter. Beim Mädchen dagegen wird der Ödipuskomplex durch den Kastrationskomplex erst eingeleitet und mündet in den Wunsch, dem Vater ein Kind zu schenken. Doch während beim Knaben mit dem Verzicht auf das mütterliche Objekt der ödipale Komplex zerschellt und er zu seiner (späteren) Männlichkeit finden kann, bleibt der Weg des Mädchens zur Frau länger der ödipalen Situation verhaftet und erweist sich üblicherweise als der zur Ehefrau und Mutter.

Im Lichte der ödipalen Struktur betrachtet, gewinnen Freuds Ausführungen zur Theorie des Primats des Phallus eine neue Dimension. Der um den Phallus zentrierte Kastrationskomplex erscheint nun nicht mehr lediglich auf der Ebene der vom Knaben ausgehenden infantilen Sexualordnung, die sich auf das *eine* naturgegebene Objekt Penis bezog und den anatomischen Geschlechtsunterschied durch die Kastration erklärte. Vielmehr ist der Kastrationskomplex eingebettet in ein soziales Beziehungsgefüge, in welchem der Wunsch nach dem Phallus mit einem gesellschaftlichen Verbot korreliert. Dieses Verbot betrifft beide Geschlechter, und es ist der Vater, der es – im Namen des Gesetzes – ausspricht.

Spiegelt aber diese Gesetzmäßigkeit nicht die Ordnung der bürgerlichen Kernfamilie in der patriarchalischen Gesellschaftsform um die Jahrhundertwende wider? Geprägt durch die Dominanz der Männerherrschaft, schob sie der Frau die komplementäre Rolle zu, nämlich Passivität und Unterordnung. In bezug auf den Phallus als »Herrschaftssymbol« ließ dieser Dualismus der Frau nur die Möglichkeit, »ihn nicht zu haben« und sich statt dessen mit femininen »Privilegien« zu begnügen. Das bedeutete, Mutter oder allenfalls sich aufopfernde, liebende und begehrenswerte Frau zu werden – oder: trotz allem phallisch zu sein, d.h., sich die soziale Position des Männlichen zu erkämpfen, was nur wenigen Frauen gelang.

Freuds Werk, das in der Auseinandersetzung mit seiner Zeit entstand, argumentiert ohne Zweifel aus jener eingeschränkten männlichen Sicht heraus, in der sich die Kulturleistung der Frau lediglich als Surrogat ihres mangelnden Phallus zu zeigen scheint. Genau an diesem Punkt entzündet sich die Kritik der antifreudianischen Frauenbewegung. Sie wirft Freud vor, daß er – unfähig, über die unmittelbare soziale Situation hinauszublicken – an der inhärenten Männlichkeit seiner psychoanalytischen Theorie festhielt, die der Frau nicht nur zum Untergang ihrer Sexualität verhelfe, sondern ihr obendrein auch noch ihre Kulturfähigkeit abspreche.[38]

Diese Kritik ist m. E. nur zum Teil berechtigt. Gewiß liegt die Schwäche der Freudschen Theorie darin, daß er als Kind seiner Zeit der patriarchalischen Perspektive verhaftet blieb. Doch beruht seine Stärke darauf, daß es ihm um nichts Geringeres ging als um die *Analyse* eben jener Kultur, deren repressiver Charakter für ihn völlig offenkundig war. Dies bezeugt nicht nur die Auseinandersetzung mit der Gesellschaftsordnung in seinen Spätschriften, sondern bereits das Motto der *Traumdeutung:* »Flectere si nequeo superos, acheronta moveba« (»Wenn ich die oberen (die Herrschenden) nicht beugen kann, werde ich (ihnen) die Unterwelt bewegen«). Und dieses von Homer stammende Zitat entnahm er nicht direkt der *Äneis*, sondern einem Buch des Sozialistenführers Ferdinand Lassalle.[39]

Die Psychoanalyse ist weder die Verklärung der patriarchalischen Ordnung, noch liegt ihr Ziel darin, ihre Analysanden einer wie immer gearteten gesellschaftlichen Realität anzupassen. Niemals konnte es Freud darum gehen, den Untergang der weiblichen Sexualität herbeizuführen – auch nicht darum, der Frau Kulturfähigkeit abzusprechen. Vielmehr lag ihm daran, die durch die gesellschaftlichen Anforderungen unterdrückten Wünsche seiner Patienten zu entschlüsseln und freizulegen, um ihnen damit die Möglichkeit bereitzustellen, in Verantwortung gegenüber ihren Wünschen *und* in Verantwortung gegenüber den Wünschen der Anderen handeln zu können. Die häufig geäußerte Meinung, »daß die freudianische Psychoanalyse das am schwersten zu überwindende aller Hemmnisse gewesen sei, die die Frauen daran hinderten, Menschen zu werden«[40], ist ein unhaltbares Vorurteil: Die Psychoanalyse schreibt weder vor, was eine Frau ist, noch was sie sein sollte. Vielmehr versucht sie zu verstehen, wie Weiblichkeit als psychologisches Phänomen zustande kommt. Zugleich aber verkennt jenes Vorurteil die Chance, mit Hilfe der Psychoanalyse die Unterdrückung der Frau zu begreifen und sie wirksam zu bekämpfen. Eine Lösung der Problematik »Gleichberechtigung« ist meiner Meinung nach nur dann möglich, wenn neben der Bewegung an der »Oberwelt«, die sich nicht selten als Kampf des einen Geschlechts *gegen* das andere zeigt und somit Gefahr läuft, sich im Zirkel imaginärer Selbstbehauptungen zu verstricken, auch die »Unterwelt« zur Bewegung kommt. Diese nämlich läßt sowohl die unbewußten Motivationen in der Beziehung von Mann und Frau transparent werden als auch die Konflikthaftigkeit, in der Frauen und Männer *als Frauen und Männer* unter den materiellen und ideellen Bedingungen ihrer Existenz leben. Der Weg zur Gleichberechtigung ist ein Weg, den Mann und Frau nur gemeinsam gehen können. Denn sie unterstehen einer strukturellen Gesetzmäßigkeit, die gleichrangig für beide gilt. Dieser gilt es nun nachzuspüren.

Auf der Suche nach einer den Ödipuskomplex betreffenden Gesetzmäßigkeit stieß Freud in seinen Patientenanalysen auf die sog. Urphantasien, die – trotz unterschiedlicher individueller Erfahrungen – eine typische, gleichbleibende Struktur zeigten, waren sie doch regelmäßig auf die Themen Geburt, Verführung, elterlicher Koitus (Urszene) und Kastration bezogen. Gleich kollektiven Mythen beanspruchen auch diese Phantasien, das Rätsel um die Frage nach dem Ursprung zu stellen und Lösungsansätze zu finden – sei es in Form der Urszene, die den Ursprung des Subjekts angeht, in den Verführungsphantasien, die das Problem der Sexualität bezeichnen, oder in den Kastrationsphantasien, die das Rätsel der Geschlechtlichkeit betreffen. Einen weiteren Anspruch entdeckte Freud in diesen Urphantasien: den Anspruch des menschlichen Begehrens, das sich im unentwegten Konflikt mit kulturellen Erwartungen und Forderungen befindet.

Ausgehend vom Individuum, stellte sich Freud so die Frage nach einer »prähistorischen Wahrheit«, an der sich die unbewußte Wunsch/Konflikt-Struktur der menschlichen Psyche in ihrem Bezug zum gesellschaftlichen Ursprung von Gesetz und Moral aufzeigen läßt. Die Lösung dieser Frage schien ihm möglich in der Rückprojektion der Menschheitsgeschichte zu ihren Anfängen. Seine spekulative Rekonstruktion umreißt die Grundstruktur der »patriarchalischen« Gemeinschaft, aus der sich das kultur- und gesellschaftskonstituierende Gesetz entwickelt: Am Anfang steht der allmächtige Urvater, dessen primitive Willkür Söhne und Töchter der Urhorde beherrscht. Ihm stehen alle

Rechte über alle Frauen zu. Die eifersüchtigen Söhne schließen sich zusammen und ermorden den gehaßten Vater, der ihrem Anspruch auf Macht und sexuelle Befriedigung im Wege steht. Nach der Tat finden sich die Brüder als gegenseitige Konkurrenten wieder, denn keinem wird es gegönnt, die Rolle des Vaters einzunehmen. Aus dieser Situation und aus dem bestehenden Schuldbewußtsein heraus schaffen sie die beiden fundamentalen Tabus: Totemismus und Exogamie. Das Totem (Symbol des toten Vaters) garantiert, daß keiner den anderen töten darf; die Exogamie verbietet den Inzest. Der tote, »symbolische« Vater wird mächtiger, als es der lebende gewesen ist; die psychische Situation des nachträglichen Gehorsams dem Vater gegenüber ist einflußreicher, als jener wirkliche Vater es war, der lediglich seinen Namen weitergibt. An die Stelle der Urhorde tritt der Brüderclan, der die Geschichte der gesellschaftlichen und moralischen Ordnung begründet. Diese Struktur des Begehrens spiegelt sich in der Dramatik des Ödipuskomplexes wider, in welcher der Wunsch nach Selbständigkeit und Geschlechtlichkeit auf das Gesetz der »moralischen Ordnung« stößt.

Der springende Punkt der Freudschen Hypothese liegt weder in dem »factum purum« des Urvatermordes noch darin, daß er das ödipale Geschehen als die anthropologische Tatsache schlechthin behauptet. Er liegt vielmehr – wie Lacan betont – in Freuds »Anerkennung jener Ordnung der Erscheinungen des Unbewußten, deren Finder er war«. Doch »weil die Natur dieser Erscheinungen nicht ausreichend artikuliert wurde, [mußten] seine Nachfolger mehr oder weniger unausweichlich in die Irre gehen«[41]. Jene Ordnung aber kann als transkulturelle begriffen werden: In ihr sind die auf der Ebene von Bewußtsein und Willen getroffenen Entscheidungen für moralische, ethische und ideologische Normen immer schon von unbewußten Wünschen und innerpsychischen Schuldgefühlen geprägt. Denn jedes Subjekt findet sich von Anfang an eingegliedert in ein intersubjektives Sprach- bzw. Symbolsystem, dessen Gesetzmäßigkeiten es zwar nicht kennt, die aber dennoch in ihm durch das Leben und Erleben mit den anderen zur Wirkung kommen. Hören wir dazu noch einmal Lacan:

> »In Knechtschaft und Größe würde alles Lebendige sich zugrunde richten, wenn nicht das Begehren sein Teil bewahrte in den Interferenzen und Schlägen, die die Zyklen der Sprache auf es zulaufen lassen, sobald die Sprachverwirrung eingreift und sobald in der Zerrissenheit eines universalen Werks die Ordnungsvorstellungen sich widersprechen.
>
> Aber dieses Begehren selbst fordert, um im Menschen befriedigt zu werden, Anerkennung im Symbol.«[42]

Mit Freud sahen wir, daß im menschlichen Symbol (z.B. dem Totem) Wunsch und Gesetz zusammengebunden sind. Lacan definiert daher die symbolische Ordnung als das vermittelnde Moment, das den besonderen Wunsch des einen, der auf den besonderen Wunsch des anderen stößt, in den Bezug eines Allgemeinen stellt und so einer Regelung unterzieht, die für beide anerkennungswert ist. In dieser Ordnung vollzieht sich die Subjektwerdung jedes Menschen als die einer je individuellen innerpsychischen Auseinandersetzung mit seinen Wünschen und den Gesellschaftsregeln.

Die allgemeine Geltung der symbolischen Ordnung nennt Lacan auch »das Gesetz«. Um die Funktion dieses Gesetzes näher bestimmen zu können, greift er zurück auf die Kulturanalyse Freuds, die er um die Erkenntnisse der strukturalen Anthropologie von Lévi-Strauss[43] erweitert und vertieft. Jener fand in seinen Analysen der Verwandtschaftsbeziehungen sog. primitiver Gesellschaften die Existenz des Inzestverbotes als elementares Gesetz vor. Die Inzestregel wirkt nach zwei Richtungen:

Zum einen verbietet sie den Sexualkontakt mit bestimmten Blutsverwandten (z. B. Bruder-Schwester), zum anderen verpflichtet sie die Familie, diese Blutsverwandten (z.B. Schwester) zu exogamer Ehe freizugeben. Dies geschieht im Akt des »Frauentausches« im Sinne einer Gabe/Gegengabe zwischen den Clans, Stämmen oder Familien. Einer strengen Regel nach wird dieser Tausch von Männern (vom Onkel mütterlicherseits) durchgeführt. Für die Stammesgruppe sind die Regeln – in gleicher Weise wie die Sprachregelung – in ihrer Form verpflichtend, in ihrer Struktur jedoch unbewußt. Das unbewußte symbolische Verhalten stellt die Bedingung der Möglichkeit für soziale Kommunikation her und ermöglicht erst die Dynamik des gesellschaftlichen Systems.

Im Lichte von Lévi-Strauss' Strukturanalyse betrachtet nun Lacan die Freudsche Lehre vom Ödipuskomplex:

»Gerade hier läßt sich, wie wir meinen, die Auffassung vertreten, daß der Ödipuskomplex, der nach unserer Erkenntnis mit seiner Bedeutung (signification) das gesamte Gebiet der Erfahrung durchdringt, die Grenzen absteckt, die unsere Disziplin der Subjektivität zuweist; das heißt also das, was das Subjekt von seiner unbewußten Teilhabe an der Bewegung komplexer Verwandtschaftsstrukturen erkennen kann, indem es an seiner besonderen Existenz die symbolischen Auswirkungen jener tangential auf den Inzest bezogenen Strebungen verifiziert, die mit dem Beginn einer universalen Gemeinschaft auftreten.

Nach diesem Grundgesetz überlagert das Reich der Kultur durch die Regelung von Verwandtschaftsbeziehungen das der Natur, das dem Gesetz der Paarung unterliegt. [...]

Hinreichend deutlich ist zu erkennen, daß dieses Grundgesetz mit einer sprachlichen Ordnung identisch ist. Denn keine Macht außer der sprachlichen Benennung von Verwandtschaftsgraden ist imstande, das System von Präferenzen und Tabus zu institutionalisieren, das durch Generationen hindurch die Fäden der Abstammung miteinander verflicht und verknotet.«[44]

Lacan hat hier zweierlei im Blick: Zunächst geht es ihm darum, die *universale* Bedeutung des Ödipuskomplexes aufzuzeigen. Dessen Struktur gilt nicht nur für eine bestimmte Kultur zu einer bestimmten Zeit, sondern sie ist das Kulturstiftende schlechthin, insofern Gesetz und Sprache in dem Grundgesetz repräsentiert sind, welches das Inzestverbot regelt. Die menschliche Existenz vollzieht sich unter diesem Gesetz der Ordnung, das in seinem formalen Wesen mit der Ordnung der Sprache (langue) verschmolzen ist. Der Ödipuskomplex betrifft also nicht nur die Kernfamilie, nicht nur das Tauschsystem der Verwandtschaftsbeziehungen, sondern die menschliche Ordnung als solche. Er artikuliert sich in gleicher Weise in je verschiedenen sozioökonomischen Gesellschaften und ihren Tauschsystemen. In ökonomisch hochentwickelten Gesellschaften dominieren zwar andere Formen des wirtschaftlichen Austausches, und die Komplexität einer Klassengesellschaft hat das Verwandtschaftssystem längst in den Hintergrund gedrängt. Dennoch ist auch hier das System von Präferenzen und Tabus institutionalisiert und wird von Generation zu Generation weitergetragen.

Zum anderen geht es Lacan in diesem Kontext um die Frage nach den symbolischen Auswirkungen der ödipalen Struktur im Subjekt selbst. Wie trägt der einzelne seine unbewußte Teilhabe (im Sinne der »parole«) am ödipalen System (langue) aus? Um diese Frage beantworten zu können, scheinen ihm folgende Voraussetzungen wichtig: Der ödipale Komplex bezieht sich nicht auf eine bestimmte ontogenetische Entwicklungsstufe (vgl. die phallische Phase bei Freud), sondern stellt eine Struktur dar, die von Anfang an das Sein des Subjekts bestimmt. Des weiteren läßt er sich nicht auf reale Situationen, wie z.B. auf den effektiv ausgeübten Einfluß durch Vater und Mutter, reduzieren. Im wesentlichen sind es zwei Momente, die das intersubjektive Beziehungsgeschehen prägen: die duale Beziehung zum anderen, die sich vorwiegend im Imaginären der narzißtischen Identifikation abspielt, und die trianguläre, vermittelnde Beziehung, die den Bereich des Symbolischen – des Gesetzes – kennzeichnet. Zu letzterem bemerkt Lacan: »*Im Namen des Vaters* müssen wir die Grundlage der Symbolfunktion erkennen, die seit Anbruch der historischen Zeit seine Person mit der Figur des Gesetzes identifiziert. Diese Auffassung erlaubt es uns, in der Analyse eines Falles deutlich die unbewußten Wirkungen dieser Funktion von den narzißtischen und vor allem von den realen Beziehungen zu unterscheiden, die das Subjekt zu dem Bild und dem Handeln der Person unterhält, die diese Symbolfunktion verkörpert.«[45]

Im Kontext des Ödipuskomplexes ist der Vater nicht ein Teil der Dualbeziehung zwischen Mutter und Kind, sondern jener Dritte, der im »Namen des Gesetzes« (»nom du père«), dem auch er untersteht, der Symbiose von Mutter und Kind ein »Nein« (»non du père«) entgegenbringt. Dadurch befreit er das Subjekt aus den imaginären Umgarnungen, in denen es sich im Liebesanspruch mit der Mutter verfangen hat. Es ist nicht der »reale« Vater, der ein »reales« Verbot ausspricht. Vielmehr repräsentiert der Vater die symbolische Dimension – und diese beschränkt sich nicht ausschließlich auf ihn. In dem von Freud beschriebenen »Fort-Da-Spiel« konnten wir erkennen, wie der kleine Junge in seiner Spielhandlung die »symbolische Mutter« finden konnte; in der kindlichen Spiegelphase zeigte sich die das Kind haltende Mutter als Zeuge der symbolischen Ordnung.

Das Gesetz entreißt also das Subjekt der Fatalität des Sich-Spiegelns und errichtet dem schrankenlosen Lusterleben eine Barriere, weniger um es zu verbieten, vielmehr um damit den Prozeß zwischen dem Begehren und der Sprache zu ermöglichen. Die ödipale Struktur des Unbewußten zeigt sich somit als Dialektik von Gesetz und libidinösem Wunsch, die gleichzeitig nur in der Dialektik von Sprache und Begehren möglich ist. Dieser Struktur sind Mann und Frau, Junge und Mädchen in gleichem Maße verpflichtet. Denn sie stellt eine für beide gleichrangig geltende, allgemeine Regel dar, welche die Grenze der Einzelherrschaft markiert, die nicht überschritten werden darf. Es ist diese Grenze, die den imaginären Wunsch nach symbiotischer Einheit »beschneidet« bzw. »kastriert«. An dieser Stelle kann nun auch verständlich werden, warum die Position des Phallus zu einer privilegierten wird. »Der Phallus als Signifikant gibt die *raison* des Begehrens«[46], formuliert Lacan. Damit meint er, daß auf ihn, »weil er am auffallendsten von alledem [ist], was man in der Realität antrifft«[47] und was um die Beziehung der Geschlechtsverhältnisse kreist, die Wahl des Subjekts fällt. Mit dieser Wahl sichert es seinem noch unreifen Begehren ein Objekt (klein a), das als »raison« des Begehrens des Anderen fungiert. Durch dessen Signifikanz findet das Subjekt nicht nur Zugang zum Anderen, sondern erhält auch die Möglichkeit, das Begehren des Anderen als solches anzuerkennen.

Lesen wir nun in diesem Kontext die bereits weiter oben (gekürzt) zitierte Passage von Lacan in ihrer vollen Länge noch einmal:

»So wird es möglich, die Tatsache, die Melanie Klein hervorhebt, genauer zu formulieren: daß nämlich das Kind von Anfang an der Auffassung ist, die Mutter ›enthalte‹ den Phallus.

Die Entwicklung aber erhält ihre Ordnung in der Dialektik des Liebesanspruchs und der Probe auf das Begehren. Unter einem solchen Begehren, dessen Signifikanz ihm fremd ist, kann der Liebesanspruch auch nur leiden. Wenn das Begehren der Mutter der Phallus *ist*, will das Kind, um es zu befriedigen, Phallus sein. So macht sich die dem Begehren immanente Spaltung schon dadurch bemerkbar, daß sie im Begehren des Anderen erfahren wird; denn sie opponiert dagegen, daß das Subjekt sich damit begnügt, das, was es an Realem, was diesem Phallus entspricht, *haben* kann, dem Anderen zu präsentieren, denn, was es hat, zählt nicht höher als das, was es nicht hat, in Anbetracht seines Anspruchs auf Liebe, der möchte, daß es ist.

Solche Probe auf das Begehren des Anderen ist, wie uns die klinische Erfahrung zeigt, nicht entscheidend dadurch, daß das Subjekt durch sie erfährt, ob es selbst einen realen Phallus hat oder nicht, sondern dadurch, daß es erfährt, daß die Mutter ihn nicht hat. Dies ist das Erfahrungsmoment, ohne welches sich keine auf den Kastrationskomplex bezügliche Konsequenz, sei sie symptomatisch (Phobie) oder struktural (Penisneid), zeigen kann. Hier zeichnet sich die Konjunktion des Begehrens ab, sofern der phallische Signifikant sein Kennzeichen ist, mit der Drohung oder Sehnsucht des Habensverfehlens (*manque à avoir*). Gewiß hängt seine Zukunft von dem Gesetz ab, das der Vater in diese Sequenz einführt.«[48]

Anders als in Freuds Herleitung des Kastrationskomplexes geht es hier nicht mehr um die Annahme der Geschlechtlichkeit gemäß der Alternative: den Phallus zu besitzen oder seiner beraubt zu sein (wobei die weibliche Geschlechtsidentität als Folge des anatomischen Geschlechtsunterschiedes erschien, die allein dem Mann eine privilegierte Stellung zuweist). Lacans Auffassung führt weg von dieser Position und ihrer fatalen Wirkung auf die Weiblichkeit der Frau. Denn eingebettet in die Struktur des Begehrens läßt sich der »Signifikant Phallus« weder auf eine naturbedingte Realität reduzieren, noch ist er eindeutig als Symbol von Macht und Herrschaft auf das *eine* männliche Geschlecht beziehbar. Das Begehren beider Geschlechter – ob Junge oder Mädchen – zentriert sich auf ein gemeinsames »Hab und Gut«: die Mutter. Ihr Begehren ist es, an der das kindliche Begehren sich erprobt. Und das entscheidende Moment der geschlechtsspezifischen Erfahrung liegt – wie Lacan betont – nicht darin, daß das Subjekt die Existenz bzw. Nichtexistenz seines »realen« Penis erfahren kann, sondern »daß es erfährt, daß die Mutter ihn nicht hat«. Der Phallus, der hier die Signifikanz einer Leerstelle bei der Mutter bezeichnet, ist das »Symbol« für den Mangel schlechthin – für den Mangel, der sich in immer neuer Gestalt in jenen Objekten »klein a« verkörpert, die das menschliche Begehren auf seiner Suche nach libidinöser Erfüllung umkreist. Daß jede Mangelerfahrung erneut nach Erfüllung suchen läßt und so das Begehren trägt, erkannten wir bereits im Bereich jener frühkindlichen Erfahrungen, die um das Befriedigungserlebnis gruppiert sind. Das spätere Spiegelstadium begegnete als Ort imaginärer Intra- bzw. Intersubjektivität, wo das Subjekt im Bild seiner Ganzheit und Integrität sich der Not seiner Geteiltheit entrissen glaubt. Und das Kind, das nun in der Mutter seine Einheit und Vollkommenheit in bezug auf seine Geschlechtlichkeit zu finden meint, stellt sein Begehren abermals auf die Probe, insofern es ihr imaginär das verleiht, was sie realiter nie hatte – den Phallus. Doch seine Idealvorstellung von der vollkommenen Mutter – mit der es eins sein will, der es *sein* will, was sie begehrt, um ihr in diesem Sein ihre Vollkommenheit zu bestätigen und daran teilhaben zu können – findet sich negativiert. Diese Negation, die Lacan mit *-p* bezeichnet, schreibt sich als das Erfahrungsmoment der Kastration ein, als ein »Habens- bzw. Seinsverfehlen«, dessen Merkmal sich für Junge und Mädchen gleichermaßen als die Unmöglichkeit anzeigt, Phallus zu sein *und* ihn zu haben. Die symbolische Kastration, deren Objekt auf der Ebene des Imaginären angesiedelt ist, hat für den Knaben die Wirkung, daß er den Phallus nur dann haben kann, wenn er sich mit ihm – in dem Sinne, Phallus zu sein – nicht identifiziert. Für das Mädchen bedeutet es, auf das zu verzichten, was nie sein Besitz war. Der »Probe des Begehrens«, die im Gesetz des Vaters ihre Stütze findet, ist nur dieser Zugang zur Ordnung des Symbolischen möglich.

Bliebe dieses Begehren auf die Ebene des imaginären Anspruchs fixiert, so läge nunmehr seine fatale Wirkung für beide Geschlechter darin, daß sie einerseits der Unterwerfung unter das Begehren der Mutter verhaftet blieben, andererseits aber dem Anspruch auf Einssein mit dem Signifikanten nicht mehr entrinnen könnten. Dies würde für den Mann bedeuten, daß er Phallus *ist*, und für die Frau, daß sie ihr *Sein* in bezug auf den Phallus setzt. Nur aus dieser Sicht heraus kann Lacan formulieren, daß die Frau – um Phallus, um Signifikant des Begehrens des Andern zu sein – einen wesentlichen Teil ihrer weiblichen Eigenschaften in die Form der Maskerade kleidet. Gerade um dessentwillen, was sie nicht ist, glaubt sie begehrt und geliebt zu werden. In diesem Liebesanspruch *an* den Anderen aber kann dessen Phallus nur noch den Wert eines Fetisches annehmen, denn das Objekt Phallus beraubt sie zugleich dessen, was der Signifikant Phallus ihr zu geben schien. Analog dazu kann der Mann in der Liebe der Frau nur erfahren, daß sie ihm das sein will, was sie nicht hat und was nur er allein in seiner (Omni-) Potenz ihr geben könnte. Wobei er nun seinerseits befürchten muß, dessen verlustig zu gehen, was ihn als Mann konstituiert, wenn er es im Liebesakt verausgabt.

Könnte in der kindlichen Beziehung zur Mutter nichts anderes entstehen als jene phallische Funktion, so bliebe das Subjekt in der imaginären Problematik gefangen, die sich auf seine Zulänglichkeit bzw. Unzulänglichkeit hinsichtlich Sein und Haben bezieht. Seine Zukunft aber – so Lacan – hängt vom Gesetz ab, das der Vater in diese Sequenz einführt. Was zunächst für das Subjekt bedeuten mag, sich auf der Stufe der Rivalität mit diesem Gesetz, das seinen Wunsch beschneidet, auseinanderzusetzen. Erst wenn das Kind erfahren kann, daß die »reale« Person, die dieses Gesetz symbolisch vermittelt, selbst dem Gesetz unterliegt, kann es die vermittelnde Person als diejenige, die selbst Mangel erlitt, begreifen lernen – und anerkennen. Denn das Gesetz des Vaters steht nirgends geschrieben, wenn nicht im Begehren selbst. Analog der Sprache ist das Gesetz des Begehrens durch die Ordnung der Signifikanten gekennzeichnet. Die Signifikanz strukturiert das Sein des Subjekts nur über das Seinsverfehlen und belegt auch das Begehren mit ihrer Bedeutung. In der Kastration zeigt sich, wie sich diese Struktur im Subjekt einschreibt, so daß die Sprache zum Leib und der Leib zur Sprache findet. »Der Phallus ist der privilegierte Signifikant dieser Markierung, in der der Part des Logos mit der Heraufkunft des Begehrens konvergiert.«[49] Er verkörpert in seiner Funktion als negative Repräsentation (*-p*) den Ort der Leere, des fundamentalen Mangels. Zugleich bezeichnet er die Fülle (-1), die der Liebesanspruch vorgab, sofern der Phallus dem Begehren den Weg zur Lust und zum Genuß als Möglichkeit einer wesenhaften Unmöglichkeit entwirft. Das Imaginäre zum Symbolischen hin aufbrechend, wird er »dabei zum Φ (groß Phi), zum symbolischen Phallus, der nicht negativierbar ist, Signifikant des Genießens«[50] oder – wie Lacan auch sagt – zum »Gipfel des Symbolischen«. Im Hinblick auf den Genuß zeigt er das Absolute an und ist doch zugleich seine Schranke. Das bedeutet für den Geschlechtsgenuß, daß er beherrscht ist von der Unmöglichkeit, »Ein zu sein« in »zwei«. Im unermüdlichen Streben des Menschen nach Lust und Genuß entpuppt sich jede Präsenz als verschleierter Mangel und jeder Akt von Lusterfüllung als Wiederholung eines fundamentalen Verlustes – die Wiederkehr eines ewig Gleichen, wie sie Freud in seiner Schrift *Jenseits des Lustprinzips* beschrieb. Die Angst, die den Menschen diesbezüglich befällt, ist nicht die Angst vor dem Mangel, sondern die, daß der Mangel fehlen könnte, der das Begehren und die Lust vorwärts treibt.

Gibt es also eine Lust jenseits des Phallus? Lacan scheint dies zumindest für die Frau anzunehmen, wenn er sagt, daß die Frau sich von einer Position aus definieren lasse, die er als »*nicht-alles* gegenüber dem phallischen Genuß«[51] kennzeichnet. Während der Mann sozusagen an der Natur des »Dinges« klebt und den

Körper der Frau nur über den »Genuß des Organs« erfahren kann, so daß er die eine wie die andere Frau aus seiner phallischen Funktion heraus begehrt, kann die Frau das Genießen des Anderen und ihres Körpers jenseits der phallischen Lust erfahren. »Ich glaube an das Genießen der Frau, insofern es mehr ist«, schreibt Lacan, mehr als das »Begehren nach einem Gut zweiten Grades, einem Gut, das nicht verursacht ist durch ein kleines a«[52]. In diesem Kontext ist nun auch das umstrittene Postulat Lacans »La femme n'existe pas« – »Es gibt nicht *Die* Frau«[53] zu verstehen. Denn das »Die« – bestimmter Artikel – bezeichnet nach Lacan das Universale, das der Frau deshalb nichts zu bedeuten braucht, weil sie ihrem Wesen nach *nicht alle* ist. So kann sie ein Verhältnis zu ihrem Körper und ihrem geschlechtlichen Sein gewinnen, das nicht wie beim Mann aus sich herausgehend den anderen angehen muß. Vielmehr kann die Frau bei sich bleibend den (großen) Anderen als Ort des Begehrens erfahren und sich dabei selbst in ihrem Sein genügen.

Wenn Lacan allerdings diesen Genuß des femininen Seins jenseits des Stachels im Fleisch mit dem mystischen Genießen der »Heiligen Theresa« gleichsetzt, die empfindet, ohne davon zu wissen, ist zu bezweifeln, daß die Frau sich nunmehr mit einer Rolle, die sie an »die Seite Gottes, als getragen durch den weiblichen Genuß«[54], stellt, zufriedengeben sollte. Erweist sich letztlich der Ort des Anderen, der Ort des väterlichen Gesetzes, als der Ort Gottes selbst?

Was bleibt, ist ein fortdauerndes Unbehagen an jenem ungeklärten Rest, der seit Freud wie ein Schleier über der Phallusproblematik liegt, der, wie Lacan in seiner Schrift *Die Bedeutung des Phallus* betont, »nie aufgeklärt worden ist und an dem die Tiefe der Freudschen Intuition noch einmal sich ermessen läßt: warum Freud nämlich behauptet, daß es nur eine *Libido* gebe, wobei seine Schriften zeigen, daß er sie als männlich auffaßt«[55].

Warum nun Lacan seinerseits behaupten kann, daß die Libido jenseits des Phallus »die göttliche« sei, möge als offene Frage zur Problematik der Sexualität und der Geschlechtsidentität stehenbleiben.[56]

5. Sprechen und Sprache in der Psychoanalyse

»Ob sie sich als Instrument der Heilung, der Berufsausbildung oder der Tiefeninterpretation versteht, die Psychoanalyse hat nur *ein* Medium: das Sprechen des Patienten. Die Offensichtlichkeit dieser Tatsache entschuldigt nicht, daß man sie übergeht. Denn jedes Sprechen appelliert an eine Antwort.«[1] Mit diesen Worten leitet Lacan das erste Kapitel seiner Rede vom Rom (1953) ein, in der er sich von all jenen psychoanalytischen Techniken distanziert, die die Funktion des Sprechens und der Sprache verkennen. Er kritisiert die »Auffassungen der Psychoanalyse in den Vereinigten Staaten«, die vorwiegend die »patterns des Verhaltens« aufzudecken suchen und die »Anpassung des Individuums an seine soziale Umgebung«[2] zum Ziel haben, ebenso Therapieformen, die in der unmittelbaren Begegnung von Ich und Ich die Wahrheit des hier in Rede stehenden Subjekts zu erkennen glauben. Auch die kurzfristigen bzw. von vornherein auf eine bestimmte Zeit begrenzten Therapien, in denen das beidseitige Agieren auf ein »hic et nunc« beschränkt bleibt, insofern der Analytiker sich in das Leben des Patienten hilfsbereit einmischt und ihn mit einer »mystischen Speisung« versorgt, die nicht selten in der »narzißtischen Endverzückung«[3] beider endet, mißbilligt Lacan.

Solchermaßen strukturierte Analysen führen nach Lacan in die Sackgasse imaginärer Identifikationen und »leerer« Diskurse, in der die Frage des Subjekts nach seiner Wahrheit verhallt und in der es, seines eigentlichen Seins enteignet, nur zu erneuter Entfremdung geführt wird. Lacan, der sich in schärfster Weise gegen ein derartiges Vorgehen wendet, fordert statt dessen, »der Psychoanalyse die lebendigsten Begriffe ihrer Erfahrung, der des Unbewußten und der der Sexualität«, wiederzugeben, »die ihren vollen Sinn erst dann gewinnen, wenn sie sich im Feld der Sprache orientieren und sich der Funktion des Sprechens einordnen«[4]. Ihr Ziel soll es sein, das Verhältnis des sprechenden Subjekts zu seinem Begehren und zu der Begierde des Anderen in den Mittelpunkt der analytischen Behandlung zu stellen.

Wie aber soll der Analytiker mit dem einzigen Medium umgehen, das ihm zur Verfügung steht: dem »Sprechen« des Patienten? Wie soll er sein Wissen um die therapeutischen Funktionen einsetzen, wie den Affekten und der Übertragung begegnen? Auf welchen Appell des Sprechens soll er seine Aufmerksamkeit richten, und worin liegt seine Beteiligung an einem »vollen« Diskurs, der zum einen mehr sein soll als ein Miteinanderreden bzw. ein Sprechen über die Konflikte des Patienten – und zum anderen weniger als ein »Führen« des Gesprächs, ein »Zureden« im Sinne einer emotionalen Anteilnahme oder gar ein Überreden?

Die primäre Aufgabe des Therapeuten sieht Lacan darin, die Ausgangssituation des analytischen Gesprächs herzustellen, wie sie von Freud in der Grundregel beschrieben wurde: Der Patient wird aufgefordert, sich ganz dem Spiel der freien Assoziationen zu überlassen, d.h., über alles zu sprechen, was er denkt und fühlt, ohne dabei auszuwählen oder etwas auszulassen. Der Analytiker hütet sich strikt davor, das Geschehen zu manipulieren. Er folgt vielmehr in freischwebender Aufmerksamkeit den Einfällen des Patienten. Hierzu bemerkt Lacan:

»Denn wesentlich ist zu wissen, worauf diese Aufmerksamkeit sich richtet. Gewiß nicht (und unsere ganze Arbeit will das beweisen) auf ein Objekt jenseits des subjektiven Sprechens, wie es gewisse Leute voller Anstrengung nie aus dem Auge verlieren [...]. Das einzige Objekt, das dem Analytiker zugänglich ist, ist die imaginäre Beziehung, die ihn mit dem Subjekt als Ich (moi) verbindet. Und da er sie nicht ausschalten kann, kann er sich ihrer bedienen, um das Soll seiner Ohren gemäß dem Gebrauch zu erfüllen, den die Physiologie in Übereinstimmung mit dem Evangelium als normal hinstellt: Ohren zu haben, *um nicht zu hören*, oder anders gesagt, um das aufzudecken, was gehört und verstanden werden muß. Denn er hat keine weiteren, weder ein drittes noch ein viertes Ohr, die man sich für ein unmittelbares Hören von Unbewußtem zu Unbewußtem wünschen mag.«[5]

Das Hören kann sich weder auf ein »psychologisches Jenseits« noch auf ein »Jenseits der Sprache« richten. Wohl aber auf ein Sprechen jenseits des bewußt Gesprochenen, das sich im abrupten Stocken des Redeflusses, im Versagen des Wortes, im Witz der Fehlleistungen, in der chiffrierten Sprache der Symptome und in den Bildern der Träume offenbart. Gerade in dem, was der Sprache widersteht, in der Brüchigkeit der Rede und in ihren gröbsten Verzerrungen, artikulieren sich die Fragmente eines Dialogs, auf den es zu hören gilt. Hierzu gehören auch die Körperreaktionen, die Modulation der Stimme, die Gefühlsausbrüche und die Affekte, die z.B. als Unruhe, Hinderung oder Verlegenheit zu vernehmen sind.[6] Denn was jenseits der unmittelbaren Begegnungen von Ich zu Ich aufgedeckt, »gehört und verstanden werden muß«, sind niemals allein dem Chaos des Unbewußten entsprungene Wünsche und Phantasien, quälende Symptome oder abrupt hervorbrechende Affekte als solche. Es sind vielmehr immer schon redende Gefühle, sprechende Symptome, erzählende Phantasien und sich artikulierende Wünsche. Sie sind analog einer Sprache strukturiert und enthüllen sich als ein Diskurs mit dem Anderen.

Die Kunst des Psychoanalytikers hat deshalb nach Lacan darin zu bestehen, daß er zwischen der sich entfaltenden Rede des Ich (moi) und jener dahinter verborgenen »anderen Rede« des Unbewußten unterscheidet. Indem er sich dem imaginären Anspruch der ersteren verweigert, wird er jenes »Es spricht« vernehmen können, in welchem sich das »wahre« Subjekt (je) artikuliert. Denn der Appell des »wahren« Subjekts empfängt seine eigentliche Bedeutung erst aus dem, was es im (großen) Anderen an Wirkungen evoziert. »Die Funktion der Sprache besteht ja hier nicht darin zu informieren, sondern zu evozieren.«[7] Aus diesem Grunde gilt es zu hören und nicht »den Widerstand [...], die Spannung, den Opisthotonus, die Blässe, nicht die Adrenalinentladung«[8] abzuhören. Es gilt zu vernehmen und nicht von einem in Termini und Theorien ausgelegten Wissenshorizont her zu begreifen. Wenn Lacan betont, daß es ebenso wichtig ist, Ohren zu haben, um nicht zu hören, meint er damit, daß der Analytiker einem Sprechen, das sich im Gestrüpp imaginärer Verführungen verfängt, nur eine einzige adäquate Antwort geben kann: sein Schweigen. Denn diese Rede versucht, den anderen mit den Mitteln der Selbstgefälligkeit und Selbststilisierung zu umgarnen, bis sie schließlich – bei Enthaltung des Analytikers – in einem frustrierten Verstummen ausläuft. Das Bewahren des Stillschweigens, das Aushalten der gähnenden Leere, bedeutet hier nichts weniger, als die narzißtische Sicherheit des Subjekts (moi) zu durchbrechen, damit das Subjekt aus dem nun »suspekt gewordenen Sprechen«, aus dem frustrierenden »Echo seines eigenen Nichts«[9] zu einer anderen Rede finden kann. Einer Rede, die nicht mehr dem dualen Du-*oder*-Ich-Verhältnis untersteht, sondern dem Ort des Dritten – dem (großen) Anderen – Platz macht, an dem gegenseitige Anerkennung möglich ist.

Wenn also Lacan eine zentrale Bedeutung des Sprechens gerade im Schweigen sieht, dann deshalb, weil hier das Subjekt die Leere seiner Rede vernehmen kann und weil dieses Schweigen den Anderen aus seiner imaginären Entfremdung heraus in einen Bereich der Rede ruft, wo die Sprache ursprünglich spricht: wo sie noch fragt und nicht schon objektivierend antwortet, wo sie an eine Antwort appelliert, die mehr will als das Ausfüllen der Leere mit vorschnellen Worten und mit wohlwollenden Einfühlungen. So kann Lacan sagen: »Der Andere ist also der Ort, an dem sich im Bunde mit jenem, der hört, das Ich, das spricht, konstituiert; was der eine sagt, ist schon Antwort, wobei der andere in seinem Hören entscheidet, ob dieser gesprochen hat oder nicht.«[10]

Im Schweigen sieht Lacan eine entscheidende Bedingung der Möglichkeit für ein »volles« Sprechen. In diesem Sinne versteht er auch die von Freud geforderte Neutralität der sog. gleichschwebenden Aufmerksamkeit, die sich nicht von den Akzenten, die das Ich (moi) setzt, beirren läßt, sondern den Appell des (großen) Anderen jenseits des (kleinen) anderen vernimmt und diesen durch seine Antwort sanktioniert. Es zeigt sich aber, daß das »wahre« Sprechen bereits eine Antwort enthält, die von seiten des Analytikers nur mehr einer dialektischen Interpunktion bedarf. Denn darin zeichnet sich der »volle« Diskurs aus, daß die Rede des einen *auch* die Rede des anderen ist, damit das Wort, das der eine an den anderen richtet, treffen und auf Resonanz stoßen kann. Wo aber dergestalt ein Wort das andere gibt, trägt die Sprache, die in diesem Diskurs geführt wird, eine Wahrheit in sich, die weder auf der einen noch auf der anderen Seite, sondern gewissermaßen zwischen den Sprechenden liegt. Dies ist nur möglich, wenn der Analytiker in Verantwortung dessen, was er vernimmt, sagt, zurückweist, verschweigt und weiß, für seinen Part einsteht. Mit Metaphern ausgeschmückt umschreibt Lacan die Rollen, die dem Analytiker zufallen:

»Als Zeuge aufgerufen für die Ehrlichkeit des Subjekts, als Verwahrer der Prozeßakten seines Diskurses, als Referenz für seine Genauigkeit, als Garant seiner Aufrichtigkeit, als Hüter seines Testaments, als Geschichtsschreiber seines jeweils letzten Willens hat der Analytiker etwas von einem Kopisten.

Doch er bleibt Herr der Wahrheit, deren Fortschritt dieser Diskurs ist. Vor allem er ist es, der, wie wir gesagt haben, dessen Dialektik interpunktiert.«[11]

Zum einen ist der Analytiker nicht mehr als ein Kopist, der nicht vorschreibt, sondern aufschreibt und sammelt. In diesem Sinne nimmt er die Rolle des Zeugen – des Repräsentanten – der Sprachordnung ein, die sich einer auf Anerkennung gründenden Intersubjektivität verpflichtet weiß. Zum anderen aber verleiht er der »wahren« Rede durch seine Antwort Geltung, um so den symbolischen Austausch bleibend zu machen. Dies kann er deshalb, weil er jene Wahrheit vertritt, die weder ein Moment des Besitzens kennt noch dem jeweils einzelnen zur Verfügung steht, weil sie sich erst im »vollen« Diskurs enthüllt. Darin aber liegt seine Verantwortung für das Subjekt, daß er ihm den Weg dorthin offenhält. Dieses Verhältnis des Analytikers zur Wahrheit vergleicht Lacan mit der Mäeutik (Hebammenkunst) des Sokrates, der durch die Geschicktheit seiner Fragen die im Gesprächspartner schlummernden, ihm aber unbewußten, richtigen Antworten und Erkenntnisse ans Licht zu bringen vermochte. Allerdings gibt Lacan einen historischen Unterschied zu bedenken, der zwischen dem Partner des Sokrates und dem Patienten des Analytikers besteht:

»Wenn Sokrates sich auf eine handwerkliche Vernunft stützt [...] so tut er es, um wirkliche Herren zur Notwendigkeit einer Ordnung zu führen, die deren eigene Herrschaft für falsch erklärt und Wahrheit an die Stelle der Zentralbegriffe (maître-mots) der Polis setzt. Wir Analytiker aber haben es mit Sklaven zu tun, die sich für Herren halten und die in einer Sprache von universeller Reichweite mit den Fesseln der Ambiguität eine Stütze ihrer Knechtschaft finden.«[12]

Mit dieser harten Formulierung, die den Patienten als Opfer einer Versklavung begreift, spricht Lacan die Hegelsche Dialektik des Selbstbewußtseins bzw. des Ich (moi) an, die im Spiegelstadium ihren Ausgang nimmt und sich fortsetzt in den Verführungs- und Verhaftungswirkungen der Sprache. Erinnern wir uns: In der Spiegelphase entwirft das Subjekt dank der Vermittlung seines Leibes ein Bild von sich als einem einheitlichen. Doch das antizipierte Ergreifen der Herrschaft erweist sich als wesenhaft instabil. Es unterliegt der imaginären Relation »Ich ist ein anderer«, in der Faszination und Frustration (kraft ihrer Tendenz zu Verführung und Beherrschung) in den ausweglosen Zirkel eines Herr-Knecht-Verhältnisses führen. Diese duale Intersubjektivität wiederholt sich in immer neuer Form in den Ich-Du-Beziehungen menschlicher Kommunikation. Insofern aber die Begierde des Subjekts nach Ich-Identität und Anerkennung von den Wegen der Sprache durchzogen ist, findet es sich auch ihrer universellen Reichweite ausgesetzt. Mit anderen Worten: Neben der Möglichkeit zum wirklichen Gespräch, das im Verzicht auf das narzißtische Ich zur gegenseitigen Anerkennung findet, stellt die Sprache alle Register der List, der Tarnung und Umgarnung bereit. Seine Verwobenheit in das Gesetz des Signifikanten verkennend, glaubt sich das sprechende Subjekt (moi) als Herr des Signifikanten und bedient sich der Sprache wie eines Werkzeuges, mit dem es identifikatorische Gemeinsamkeit und Verständnis schmieden zu können vermeint.

Das gilt auch für die Gesprächssituation der Analyse, in der sich das Subjekt seiner Ich-Identität zu vergewissern sucht und einen Ansprechpartner zu finden meint, auf dessen Wahrheit und Wissen es bauen und an dessen starkem Ich es partizipieren kann.

Genau darin aber sieht Lacan die Stärke seiner analytischen Praxis, daß sie diesen Anspruch, der auf die erneute Entfremdung einer Herr-Knecht-Beziehung hinausläuft, demaskiert. Es ist das Ziel von Lacans analytischer Praxis, jene vom Ich (moi) der Rede bestimmte Intersubjektivität zu Fall zu bringen, um das Subjekt zu seinem eigentlichen Sein bzw. zu seinem Seinsverfehlen in der Sprache zu führen – nicht um es zu frustrieren oder erneut zu versklaven, sondern um die Signifikanten wieder in Erscheinung treten zu lassen, an denen seine Frustration hängt und auf die es die Herrschaft seiner Worte zu stützen glaubt. In diesem Part an der Wahrheit kann es dem Analytiker nicht darum gehen, das Ich an die Stelle des Es zu setzen und damit dem imaginären Anspruch des Patienten auf Selbst-Verwirklichung zu genügen. Vielmehr muß es das Anliegen des Analytikers sein, den Horizont des »Es spricht« neu zu öffnen und die Wahrheit hinter dem falschen Objektivismus hervortreten zu lassen.

In diesem Sinne ist auch Lacans umstrittene Handhabung der Sitzungsdauer zu verstehen. Lacan verweigert die Einhaltung des klassischen Standards der Analysestunde und zieht es vor, die Zeit einer Sitzung variabel zu halten. Dies geschieht aus folgenden Gründen: Analog zur Enthaltung des Analytikers beim »leeren« Sprechen des Subjekts, das durch das Vernehmen der Leere seiner Rede, die keine Gegenrede findet, zum »vollen« Sprechen finden kann, scheint Lacan dieselbe Enthaltung auch bei der zeitlichen Fixierung geboten. Das Festsetzen des Sitzungsendes durch den Analytiker käme einer vorschnellen Antwort gleich, die vom Patienten als Einschnitt in seinen Diskurs empfunden werden könnte. Dieser Einschnitt kann sich vor allem auf den Schluß der Sitzung auswirken und dort zu einer hastigen Überstürzung des Diskurses führen. Gleich der Enthaltung stellt auch die Zeit in der Analyse eine Gelenkstelle zwischen dem Symbolischen und dem Realen dar. Sie kann die Funktion einer intersubjektiven »Zeit des Verstehens« annehmen, deren Dauer weder vorhersehbar ist noch chronometrisch fixiert werden kann. Sie kann aber ebenso in ihrer Realität als gehandhabte Zeit empfunden werden, in dem Sinne, daß die Zeit des anderen objektiviert und das Ende der Sitzung antizipiert wird. An diesem Punkt sieht Lacan das Problem der vorgegebenen Sitzungsdauer, nimmt doch die Realität dieser Zeit »einen verräumlichten Wert an, nämlich den der Annahme eines Produkts dieser Arbeit«[13], und erlangt so die Wirkung, daß sie die Täuschung des Patienten in einem gegenständlichen Ich unterstützt. Dies gilt auch für die Festsetzung des Endes der Gesamtdauer einer Analyse, die dann »einer verräumlichenden Projektion gleich[kommt], in der das Subjekt je schon von dem Moment an sich selbst entfremdet ist, in dem seine Wahrheit als terminierbar vorausgesehen werden kann. Was immer von ihr in einer verräumlichten Intersubjektivität ankommen mag, es ist dies: daß die Wahrheit bereits da ist.«[14] Will der Analytiker aber den Part an der Wahrheit einnehmen, deren Fortschritt der »volle« Diskurs sein soll, so kann es ihm nicht darum gehen, daß das Subjekt in ihn seine Wahrheit setzt und er es kraft seiner Autorität darin bestärkt. Diese Wahrheit kann das Subjekt nur sich selbst entfremden, weil es sie nicht selbst in sich liest.

Analog dazu verleitet die Terminierung des Sitzungsendes das Subjekt zu der Annahme, der Analytiker sei »Preisrichter« seines Diskurses. Dies hieße erneut, dem imaginären Anspruch des Subjekts zu genügen, das mit der Sitzungsunterbrechung umgeht, indem »es sie in ihrer Terminiertheit einkalkuliert, um sie in seine eigenen Fristen, ja sogar in seine Ausreden einzuplanen, wie es sie vorwegnimmt, indem es sie wie eine Waffe in der Hand wiegt und sie wie eine Deckung belauert«[15]. Leistet der Analytiker diesem Anspruch des Subjekts Vorschub, so läuft er Gefahr, daß die Sitzungsdauer für ihn selbst »aufgrund des Gefühls seiner Arbeit« einen »zwanghaften Wert gewinnt«[16]. Damit verfestigt er eine Herr-Knecht-Beziehung und drängt das Subjekt in die Verhaltensweise des Knechts, der im Dienst für den Herrn arbeitet, ohne jedoch zu einem Arbeitsverhältnis gelangen zu können, das in der gleichberechtigten, wenn auch »harten Arbeit eines Diskurses ohne Ausflüchte«[17] besteht.

Indem also Lacan die Funktion der Zeit in der Analyse hinterfragt, folgt er konsequent seiner Theorie des Ich und dessen imaginärer Verkennung. Die Vergewisserung des Ich setzt ja voraus, daß die Zeit des anderen objektiviert und die Zukunft vorweggenommen werden kann. In diesem Sinne gewinnt die Zeit eine »reale« Funktion, mit der man umgehen, die man einteilen und handhaben kann. Wenn aber Lacan von einer Zeit des Verstehens spricht und dem Zeitbegriff der traditionellen Physik jenen einer intersubjektiven Zeit gegenüberstellt, so bedenkt er die Zeit nicht als vergegenständlichten Besitz, sondern als wechselseitige Verwiesenheit der Subjekte in einer Gesprächssituation, in der sie einander vorübergehend Aufenthalt gewähren. Lacans desillusionierender Umgang mit der Zeit in der Analyse dient in diesem Sinne dazu, daß die Zeit eine der psychoanalytischen Technik gemäße Funktion erfüllt: eine Dauer zu sein, in der das Subjekt das Ausstehen seiner Wahrheit in Anerkennung des Anderen erfahren mag. Dies scheint Lacan nur dann möglich, wenn diese Dauer für das Subjekt als unbegrenzt antizipiert werden kann.

Wobei nun allerdings die prekäre Frage auftaucht, ob denn die Zeit, die das Unbewußte braucht, um sich in der Analyse zu offenbaren, überhaupt erfaßt werden kann, und auf welcher Ebene das Unbewußte, das sich nach Freud der Zeit entzieht, erfahrbar ist? Zu diesem Problem nimmt Lacan in einem seiner Seminare Stellung:

»Ontisch an der Funktion des Unbewußten ist der Spalt, durch den dies Etwas, dessen Abenteuer in unserem Feld offenbar von so kurzer Dauer ist, für einen Augenblick an den Tag gebracht wird – für einen Augenblick nur, denn die zweite Bewegung, die Bewegung des Schließens, zeigt diese Erfassung schon wieder unter dem Aspekt des Schwindens [...]. Jedenfalls ist, sogar auf der Ebene der Definition des Unbewußten, spürbar [...] daß das, was hier passiert, dem Widerspruch der raum-zeitlichen Lokalisierung und auch der Funktion der Zeit unzugänglich bleibt.

Wenn aber das Begehren einer kurzen und begrenzten Zukunft auch nur entgegenführt, was es vom Bild einer Vergangenheit bewahrt, nennt Freud es doch *unzerstörbar*. Der Begriff des Unzerstörbaren wird also ausgerechnet von der unbeständigsten aller Realitäten gestützt. In welche Ordnung der Dinge gehört es dann aber, das unzerstörbare Begehren, das der Zeit entwischt? – Was ist ein Ding, wenn nicht etwas, das dauert, ein Identisches, wenigstens für eine bestimmte Zeit! Müssen wir da nicht neben der Dauer als Substanz der Dinge einen zweiten Modus von Zeit unterscheiden – eine logische Zeit! [...] Das schwindende Erscheinen tritt zwischen den beiden Punkten, Anfangs- und Endpunkt, der logischen Zeit auf – zwischen diesem Augenblick des Sehens [...] und dem Moment eines Ausweichens [...].

In ontischer Hinsicht wäre das Unbewußte als das Ausweichende/ l'évasif zu bezeichnen – es kann aber eingekreist werden in einer Struktur, einer zeitlichen Struktur, von der sich sagen läßt, daß sie bis heute nicht artikuliert worden ist.«[18]

Lacan spricht dem Unbewußten die Notwendigkeit eines Schwindens, eines Entziehens, zu. In diesem Punkt beruft er sich auf Freud, der das Unbewußte als das bezeichnete, was sich dem Bewußtsein »entzieht«. Wenn jener seine Aufmerksamkeit auf die Phänomene richtete, die am Rande des Bewußtseins liegen, wie z.B. Traum, Witz und Fehlleistung, so nicht, weil das Unbewußte durch diese definiert wäre. Vielmehr umgrenzen sie das Feld der Erfahrung, von dem ausgehend Freud es erforschen konnte, wie etwa der Traum, den er als Königsweg zum Unbewußten bezeichnete. Lacan fragt nun, wie das, was sich nach Freud Raum und Zeit entzieht, erfahren werden kann. Und damit spricht er jenes Etwas an, das uns allgemein nötig scheint, um bestimmen zu können, was da ist – und sei es nur ein Fehlen, das Verpassen einer Gelegenheit oder ein Verlust. Doch dieses Etwas bezieht Lacan weniger auf ein bestimmbares Was als auf eine Diskontinuität, die er als einen Augenblick des Aufklaffens beschreibt, der, kaum angebrochen, schon wieder entschwindet. Dieses Aufklaffen begegnete uns bereits in der Struktur des Wunsches (Kap. 3). Es markierte dort die Spaltung zwischen dem objektgerichteten Bedürfnis und dem imaginären Anspruch auf Liebe und zeigte sich als Zugang zum unbewußten Begehren. Ferner lernten wir es als jenes »Es spricht« kennen, das der Bewegung der differentiellen Verweisung (Metonymie) unterliegt, die immer auf andere Signifikanten und auf Signifikanten eines anderen Begehrens bezogen ist, und dessen Sinneffekt sich erst nachträglich einstellt (vgl. Kap. 2). So stoßen wir auch hier wiederum auf Lacans Vorstellung vom Unbewußten als einer antizipierten Nachträglichkeit. Das Unbewußte, das gewissermaßen permanent in Verzug ist, läßt sich in der Bewegung des Aufklaffens nicht be-greifen im Sinne eines objektivierbaren Etwas, das – einer abgeschlossenen, vergessenen Vergangenheit angehörend – nun einfach zur Wiederholung käme. Vielmehr wird das, was es vom Bild einer Vergangenheit bewahrt, der Perspektive einer kurzen und begrenzten Zukunft entgegengeführt – einer Futur-II-Perspektive, die wir bei Lacan als die Zeitform des »Es wird gewesen sein« bestimmt fanden.

Was aber versteht Lacan unter der »logischen Zeit«, in der das Unbewußte erscheint, indem es gleichsam verschwindet? Um jene eigenartige Funktion näher verstehen zu können, wenden wir uns dem Feld zu, das Lacan als »das Lebendigste, den Brennpunkt unserer Erfahrung«[19] in der Psychoanalyse beschreibt: der Übertragung. Was geschieht in der Übertragung, die das beziehungsreiche Feld zwischen Analysand und Psychoanalytiker bezeichnet? In seinem an Lacan orientierten Werk *Der Andere in der Übertragung* formuliert H. Weiß: »In der Übertragung bildet sich eine besondere Form der Intersubjektivität heraus, eine auf die eine oder andere Weise ›signifikante‹ Beziehung, die unbemerkt etwas Vergangenes in Erscheinung treten läßt, und zwar in der doppelten Weise, dieses Vergangene gleichermaßen zu verbergen wie zu enthüllen.«[20] Damit spricht Weiß die wesentlichsten Aspekte der Lacanschen Konzeption der Übertragung an. Lacan geht es zum einen darum, die Übertragung von dem geläufigen Irrtum zu reinigen, sie gründe auf einer Zweierbeziehung, in der positive und negative Gefühle des Patienten auf den Analytiker übertragen werden. In dieser Annahme sieht er eine entscheidende Verkürzung jener intersubjektiven Dialektik, die schon in der Struktur des Unbewußten – als Diskurs des Anderen – angelegt ist und die im dialogischen Vollzug zu ihrer vollen Entfaltung gelangt.

Wenn Lacan des weiteren die Übertragung als »das Ins-Werk-Setzen der Realität des Unbewußten«[21] definiert, so hebt er damit hervor, daß das Ins-Werk-Setzen nur möglich ist, weil die Übertragung Subjekt und Analytiker gleichermaßen einschließt. Lacans These, »das Begehren des Menschen ist das Begehren des Anderen«, erfährt hier ihre volle Berechtigung. Denn das unbewußte Begehren des Subjekts gewinnt allein außen, d.h. vom Begehren des Analytikers her, Signifikanz. Wobei die Position, die der Analytiker gegenüber dem Subjekt einnimmt, von besonderer Art ist: Er markiert gewissermaßen die Öffnung, die das Unbewußte für einen Augenblick enthüllt und gleichermaßen schwinden läßt. Am Beispiel der »Fischreuse«[22] verdeutlicht Lacan diesen Vorgang.

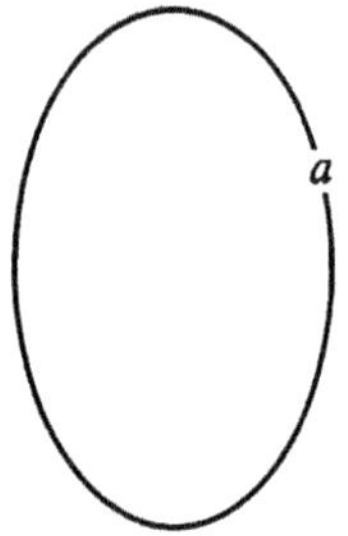

Schema der Reuse

Mit Hilfe der Fischreuse lassen sich zwei Bewegungsvorgänge demonstrieren: die Bewegung eines Auf und Zu und die Bewegung eines Ein und Aus. Die Fischreuse öffnet sich – ein Fisch schwimmt hinein. Sie schließt sich – und der Fisch ist im Inneren der Reuse gefangen. Das Auf und Zu der ersten Bewegung zeigt sich als Funktion der Reusenmündung, als Funktion eines Randes. Übertragen wir diese auf das Unbewußte, so finden wir auch hier die Struktur eines solchen Randes vor, der sich öffnet und schließt.

Angemerkt sei an dieser Stelle, daß wir dem Begriff des Randes bereits auf dem Feld des Triebes (Kap. 4) begegneten. Lacan spricht dort von der Einschreibung einer Randstruktur, die bewirkt, daß gerade die Ränder der Körperöffnungen (Lippen, Anusrand, Vagina etc.) zu erogenen Zonen werden. Im Schema der Kreisbahn des Triebes fanden wir verdeutlicht, daß die auf den Rand bezogene Lust etwas anderes angeht als das Objekt (klein a). Lacans Begriff des Randes zeigte sich uns hier als die enge Verbindung zwischen Sexualität und Sprache, zwischen dem Subjekt auf dem Feld des Triebes und dem Subjekt auf dem Feld des Anderen.

Was sich also in jener ersten Bewegung des Auf und Zu des Unbewußten produziert, ist das Ein- und Austreten, das Erscheinen und Verschwinden des Subjekts am Ort des Anderen (zweite Bewegung). Versuchen wir nun, die beiden Bewegungen auf die analytische Situation zu übertragen, so müssen wir hier die Richtung des Reusenprinzips umdrehen. »Wichtig ist nicht, was hier eingeht, wie es im Evangelium heißt, wichtig ist, was ausgeht«[23], bemerkt Lacan.

Für die Analyse ergibt sich dann folgendes Bild: Das Subjekt des Unbewußten, eingeschlossen im Inneren der Reuse, realisiert das für sein Begehren konstitutive Aufklaffen in Gestalt der Öffnung, die das wesentliche Moment an der Struktur der Reuse ist. Sie markiert den Ausgang, den Ort, den Freud als »Repräsentant des ›Anderen‹«[24] bezeichnete und den Lacan als den Platz bestimmt, den der Analytiker in der Übertragung einnimmt und von dem aus das Subjekt begehrt. »Es ist auch der Punkt, von dem aus es spricht, denn, wann immer es spricht, ist es auch dabei, am Ort des Andern jene wahrheitsgemäße Lüge zu bilden, wodurch sich anspinnt, was vom Begehren an der Ebene des Unbewußten partizipiert.«[25] Das im Aufklaffen der Öffnung sich artikulierende Sprechen des unbewußten Begehrens wird jedoch vom Subjekt im gleichen Zug wieder verschlossen. Denn der Sog seines Anspruchs, d.h. die Antizipation seiner idealen Einheit (Ideal-Ich) im Bild des anderen, verstopft die Öffnung aufs neue. Aus diesem Grunde bezeichnet Lacan das Schließmoment des Unbewußten als Ursache der Übertragung.

»Das Abschließen des Unbewußten können wir erfassen durch die Einwirkung von etwas, das die Rolle eines Obturators spielt – das Objekt a als angesaugtes, angeatmetes an der Mündung der Reuse. Ein ähnliches Bild haben Sie in jenen großen Kugeln, in denen bei einer Lotterie die Lose durcheinandergewirbelt werden, die gezogen werden sollen. Was sich da zusammenbraut in diesem großen Roulett, erste Aussagen der freien Assoziation, kommt in dem Intervall heraus, in dem das Subjekt nicht die Öffnung stopft.«[26]

In diesem Schema gewinnen wir noch einmal eine Vorstellung davon, was in der Bewegung des Öffnens und Schließens passiert. Hier pulsiert jene andere Rede des Unbewußten, jenes »Es spricht«, in der sich das Subjekt im Anderen selbst als ein gespaltenes begegnet. Hier bildet sich eine Rede, die sich auf dem Weg der Wahrheit befindet, die jedoch niemals auf dem Punkt einer Gewißheit arretiert werden kann – da sie immer schon ein Verfehlen des glücklichen Zusammentreffens in der Übertragung darstellt. Was sich in jener Rede produziert, ist das Ergreifen und Loslassen, das »Fort« und »Da« des Subjekts auf dem Feld des Anderen.

Auf den Verlauf einer Analyse übertragen, in der sich ungezählte Male diese Doppelbewegung wiederholt, erfüllt die »logische Zeit« des Unbewußten folgende Funktion: Sie ist ein Moment, das dem Subjekt das Ausstehen seiner Wahrheit eröffnet; in ihm verbindet sich das wahre Sprechen mit dem Diskurs des Irrtums. – Ein letztes Schema von Lacan mag die Entwicklung des Subjekts im analytischen Diskurs aufzeigen; »das, was seine Wahrheit, ihre Integration, ihre Geschichte ist« und vor allem »die Löcher in dieser Geschichte, da, wo sich das hergestellt hat, was *verworfen* oder *verdrängt* worden ist«[27].

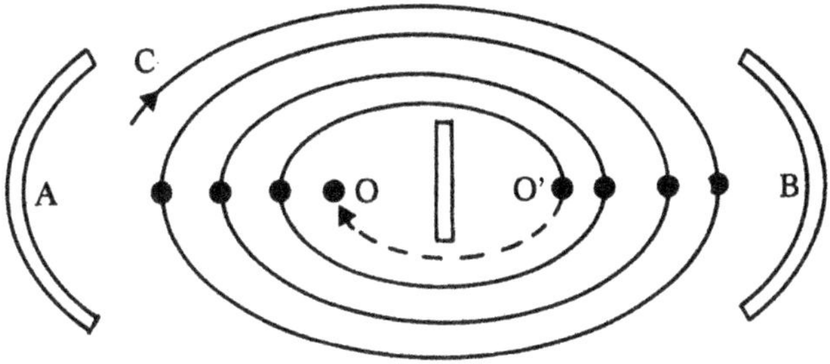

Ein Schema der Analyse

O bezeichnet den unbewußten Begriff des Ich des Subjekts, wobei das Unbewußte aus dem besteht, was das Subjekt durch seine Verhaftungen an imaginären Fixierungen vom Bild seines Ich wesentlich verkennt. Dieses O kennzeichnet die Reuse, in der sich jene traumatischen »Köder« befinden, die in die symbolische Entwicklung seiner Geschichte »Löcher« rissen. Die Reuse ist verschlossen und öffnet sich nur in der kreisenden Dialektik des analytischen Diskurses (C), der durch die Vermittlung des anderen (O') auf der Seite des Analytikers (B) gewährleistet wird. Die Übertragung, die sich durch die Dimension des Sprechens herstellt, bringt die imaginären Kristallisationen des Subjekts da zur Enthüllung (O), wo sie den Ort einer signifikanten Begegnung mit dem Begehren des anderen (O'), des Analytikers, erreicht. Doch weit davon entfernt, eine Art Hilfsfunktion gegenüber dem imaginären Ich zu begründen, nimmt der Analytiker den Part des Lockvogels, des Statthalters, für das sich öffnende Unbewußte ein. Das, was auf der Seite von O ist, geht auf die Seite von O' über. Der Analytiker richtet hierbei das Echo seines Diskurses symmetrisch zur Spiegelung des Bildes aus, so daß dieses – rückwirkend – auf der Seite des Subjekts vernommen werden kann. Auf diese Weise kann das Subjekt, wo es auf ein anderes Begehren trifft (O'), das Aufklaffen seines eigenen Begehrens erfahren, ohne jedoch dieses andere Begehren jemals zu seinem eigenen machen zu können.

Als sprechendes konstituiert sich das unbewußte Subjekt in seiner Frage, die es an den anderen richtet, um von ihm die Antwort in Form einer Anerkennung zu erhalten. Wir erinnern uns, daß diese Anerkennung im Gespräch nur dann möglich ist, wenn die Sprecher auf eine von der Eigenliebe beherrschte Präsenz und Identität verzichten. Denn darin liegt ja die Eigenart der Sprache, daß sie im Zeichen das unmittelbar Präsente verschwinden läßt, indem es benannt wird, und daß in ihr Abwesendes bzw. Vergangenes hervortreten kann, weil es im Sprechen des Anderen einen Statthalter gefunden hat. Fanden wir nicht den tieferen Gehalt des »Fort!-Da!« beim spielenden Kind darin bestimmt, daß es in diesem Vorgang nicht nur zur Sprache, sondern auch zu seiner Geschichtlichkeit fand? Erst mit dem Auftauchen von Sprache erfahren wir Geschichtlichkeit in einer dialektischen Gestalt, in der Anwesenheit zugleich Abwesenheit und Abwesenheit zugleich Anwesenheit bedeutet.

In dieser Dialektik entfaltet, so Lacan, auch das Phänomen der Wiederholung in der Analyse seine Wirksamkeit. Was geschieht in der Wiederholung, die im therapeutischen Prozeß dort ihren Platz hat, wo das Subjekt vermittels der Übertragung den »Zwang« verspürt, an unlustvollen oder sogar schmerzvollen Erfahrungen festzuhalten? Kommt in der Wiederholung vergessene Vergangenheit in Form der Wiederkehr des Verdrängten zur Sprache? Von wo aus aber kommt das »wieder« der Wiederholung auf die Gegenwart des Subjekts zu? Kann die Vergangenheit nicht gerade deshalb als Vergangenheit anerkannt werden, weil sie durch eine Bewegung in die Zukunft hinein – als gewesene bzw. mögliche – schon überschritten wird?

Genau an diese Problematik knüpft Lacan an, wenn er postuliert: »So paradox das scheinen mag, es gibt nur eine Art, sie [die Wiederkehr des Verdrängten] zu erklären – das kommt nicht aus der Vergangenheit, sondern aus der Zukunft.«[28] Weil Geschichte Sprache voraussetzt, ist das Sprechen in der Analyse niemals nur Wiederholung einer vergessenen Vergangenheit, sondern auch ein Wieder-Einholen des schon immer Verfehlten in die symbolische Ordnung der Sprache. Die Wiederholung folgt demnach keinem linearen Prinzip. Sie stellt eine Bewegung dar, die das Vergangene überschreitet, indem sie eine – wenn auch kurze und begrenzte – Schleife in die Zukunft zieht. Und aus dieser Krümmung in die Zukunft hinein kommt sie auf die Gegenwart zurück. In dieser Schleife aber eröffnet sich die Perspektive eines »Es wird gewesen sein«, in der die Vergangenheit als antizipierte Nachträglichkeit anklingt. Was bei diesem Vorgang bezüglich der Geschichtlichkeit des Subjekts verwirklicht werden kann, ist nicht die abgeschlossene Vergangenheit dessen, was war (weil es nicht mehr ist), auch nicht das Perfekt im Sinne einer immer schon vollendeten Gegenwart, sondern die zweite Zukunft dessen, was es für das wird gewesen sein, was zu werden es im Begriff steht.[29]

Der Tatsache, daß ein solches Verständnis von seiten des Analytikers bestimmte Anforderungen an die Geschichtlichkeit der Interpretationsleistung selbst stellt, ist sich Lacan zutiefst bewußt. Nicht ohne Grund widmet er das dritte Kapitel seiner Rede von Rom dem Thema »Die Resonanz der Interpretation und die Zeit des Subjekts in der psychoanalytischen Technik«. Denn die Sensibilität für die Rede des Unbewußten läßt sich weder an technischen Regeln festmachen, noch ist sie zeitlich berechenbar. Sie ist im wesentlichen davon abhängig, was das Sprechen des Subjekts – im Schema der Spirale durch die kreisende Dialektik (C) gekennzeichnet – im Anderen (B) evoziert.

Im Verlauf des analytischen Gesprächs rückt das Subjekt immer näher an O und O' heran, bis es schließlich durch sein Sprechen, sein Fragen und das Echo seines Diskurses (symbolisiert durch eine Reihe von Punkten, die sich zwischen A und O verteilen) teilhaben kann an einer Geschichtlichkeit, die es nachträglich als die seine – in Annäherung an Punkt O – erfährt. »Auf dieser Linie, hundertmal neu dieses Werk auf den Rahmen spannend, schreitet das Subjekt, indem es seine Geschichte in der ersten Person einbekennt, in der Ordnung der fundamentalen symbolischen Beziehung voran, in der es die Zeit finden muß, die Sperren und Hemmungen [...] aufzulösen. Dazu braucht es Zeit.«[30]

Anhang

Anmerkungen

Einleitung

1 R. Barthes, Die strukturalistische Tätigkeit (1964), in: Kursbuch 5, Frankfurt/M. 1966, S. 191.

2 F. de Saussure, Vorlesungen über allgemeine Sprachwissenschaft, 2. Aufl., Berlin 1967.

3 Vgl. G. Schiwy, Der französische Strukturalismus. Mode-Methode-Ideologie, Reinbek 1984, S. 13 ff.

4 Vgl. R. Barthes, Literatur oder Geschichte, Stuttgart 1968. Der Titelaufsatz (S. 11-35) bildet den dritten Teil des Buches *Sur Racine* (Paris 1963), der zur Auseinandersetzung zwischen »alter« und »neuer« Literaturkritik führte.

5 Die deutsche Übersetzung – Schriften I (= S I), Olten 1973; Schriften II (= S II), Olten 1975; Schriften III (= S III), Olten 1980 – enthält eine Auswahl aus den *Ecrits*; vgl. dazu Literaturhinweise, Punkt 3.

6 R. Barthes, Leçon/Lektion, Frankfurt/M. 1980, S. 15; vgl. S.M. Weber, Rückkehr zu Freud. Jacques Lacans Entstellung der Psychoanalyse, Frankfurt/M./Berlin 1978, S. 46. Zur strukturalistischen Schreibweise vgl.: G. Pagel/H. Weiß, Bedürfnis, Struktur und Text. Von der Lust am Schreiben zur Demontage des Triebes, in: A. Schöpf (Hg.), Bedürfnis, Wunsch, Begehren. Probleme einer philosophischen Sozialanthropologie, Würzburg 1987, S. 125-136.

7 Zur Biographie Lacans vgl.: H.-J. Heinrichs, Sprachkörper. Zu Claude Lévi-Strauss und Jacques Lacan, Frankfurt/M./Paris 1983, S. 99 ff.; B. Kirchhoff, Ich denke da, wo ich nicht bin. Unter dem Eindruck von J. Lacan, in: Die Zeit, 28.11.1980, S. 49; H. Brühmann, Kabale und Triebe. Zum Tode von J. Lacan, in: die tageszeitung, 17.9.1981, S. 9; H.-J. Metzger, Zur Auflösung der Ecole Freudienne de Paris, in: Der Wunderblock, Nr. 5/6, Dez. 1980, S. 69-96 (Berlin).

8 1975 in Paris wiederveröffentlicht unter dem Titel: De la psychose

paranoïaque dans ses rapports avec la personnalité. Premiers écrits sur la paranoïa.

9 J. Lacan, Motifs du crime paranoïaque. Le crime des sœurs Papin, in: Minotaure, 1933, 3-4, 25-28; sowie in: Minotaure, 1933, 4, 68-69.

10 Ders., Funktion und Feld des Sprechens und der Sprache in der Psychoanalyse (= Rede von Rom), in: S I, S. 136 f.

11 Ebenda, S. 104.

1. Im Banne des Spiegels

1 J. Lacan, Das Seminar von J. Lacan, Buch II (1954-55). Das Ich in der Theorie Freuds und in der Technik der Psychoanalyse (= Sem II), Olten 1980, S. 9.

2 Ders., Das Drängen des Buchstabens im Unbewußten oder die Vernunft seit Freud (1957), in: S II, S. 42 ff.

3 Ebenda, S. 43. – Der Terminus »Freudsche Wende« bezieht sich auf die Revision der ersten Triebtheorie, die Freud 1914 aufgrund seiner Erkenntnisse über den Narzißmus vornahm. Vgl. dazu H.-M. Lohmann, Sigmund Freud zur Einführung, 4. Aufl., Hamburg 1999, S. 50.

4 S. Freud, Einige Schwierigkeiten der Psychoanalyse (1917), in: GW XII, S. 11. (GW = Gesammelte Werke, Bd. I-XVII, hrsg. von A. Freud u. a., London/Frankfurt/M. 1940 ff.)

5 Vgl. S. Freud, Zur Einführung des Narzißmus (1914), in: GW X, S. 138-170. Zum Begriff des Narzißmus vgl.: ders., Einige Schwierigkeiten ..., in: GW XII, S. 6: »Den Zustand, in dem das Ich die Libido bei sich behält, heißen wir *Narzißmus*, in Erinnerung der griechischen Sage vom Jüngling *Narzissus*, der in sein eigenes Spiegelbild verliebt blieb.«

6 In: S I, S. 61-70.

7 Nach Ergebnissen der Verhaltensforschung vermag auch das Tier seine Gestalt im Spiegel zu erkennen. Das Kind dagegen ist jedoch nicht nur in der Lage, sich mit dem Spiegelbild zu identifizieren, sondern kann es auch zu seinem Körper in Beziehung setzen. Ethologische Tierversuche nach Köhler belegen, daß ein Schimpansenjunges, motorisch wesentlich geschickter zu diesem Zeitpunkt, sich interesselos vom Spiegel abwendet, nachdem es die Nichtigkeit des Bildes erkannt hat.

8 J. Lacan, Das Seminar von J. Lacan, Buch I (1953-54). Freuds technische Schriften (= Sem I), Olten 1978, S. 105. – Zur Entwicklung der menschlichen Phantasie vgl.: G. Pagel, Narziß und Prometheus. Die Theorie der Phantasie bei Freud und Gehlen, Würzburg 1984, S. 107 ff.

9 S. Freud, Das Ich und das Es (1923), in: GW XIII, S. 253.

10 Vgl. ders., Zur Einführung ..., in: GW X, S. 142.

11 J. Lacan, Das Spiegelstadium als Bildner der Ichfunktion, in: S I, S. 64.

12 Ders., Subversion des Subjekts und Dialektik des Begehrens im Freudschen Unbewußten (1966; Vortrag 1960 auf dem Kongreß in Royaumont), in: S II, S. 183.

13 Vgl. Ovid, Metamorphosen. Drittes Buch, Vers 340 ff., übers. und hrsg. von H. Breitenbach, Stuttgart 1964, S. 102 ff.

14 Vgl. G.W.F. Hegel, Phänomenologie des Geistes, Frankfurt/M./Berlin/Wien 1980, S. 107-120. – Zur näheren Auseinandersetzung mit Hegels Begriff des Selbstbewußtseins vgl.: M. Suhr, Sartre zur Einführung, Hamburg 1989, S. 30-38. – Anzumerken wäre hier, daß die philosophische Bewußtseinsproblematik, die mit Descartes einsetzt und vor allem von Kant, Schelling, Fichte und Hegel weitergeführt wird, ihren Gegenstand positiv zu vermitteln sucht und die Theorie einer metaphysischen Versöhnung favorisiert. Erst Nietzsche, Marx und Freud rütteln an der Evidenz und zeigen die Läsionen des Subjekts auf.

15 J. Lacan, Das Spiegelstadium ..., in: S I, S. 68.

16 Ders., Sem I, S. 189.

17 Ebenda, S. 191.

18 Ders., Von dem, was uns vorausging (1966), in: S III, S. 13.

19 Ders., Das Spiegelstadium ..., in: S I, S. 67.

20 Vgl. A. Portmanns (1897-1982) Untersuchungen zur Sonderstellung der menschlichen Ontogenese (A. Portmann, Biologische Fragmente zu einer Lehre vom Menschen, Basel 1944) sowie L. Bolks (1866-1930) These der Unspezifiziertheit des Menschen im Gegensatz zum Tier (L. Bolk, Das Problem der Menschwerdung, Jena 1926).

21 Vgl. S. Ferenczi, Entwicklungsstufen des Wirklichkeitssinnes, in: Zeitschrift für psychoanalytische Pädagogik, 1933, S. 282-288; O. Rank, Das Trauma der Geburt und seine Bedeutung für die Psychoanalyse, Wien/Leipzig 1924. Vgl. auch S. Freud, der auf die »verkürzte Intrauterinexistenz« des Menschen hinweist (S. Freud, Hemmung, Symptom und Angst, in: GW XIV, S. 186).

22 J. Lacan, Das Spiegelstadium ..., in: S I, S. 64.
23 Ebenda, S. 69.
24 Vgl. hierzu die ebenfalls 1936 von Sartre in seinem Essay *La transcendance de l'Ego* vorgenommene Differenzierung zwischen »je« als formalem Beziehungszentrum der Bewußtseinsinhalte und »moi« als konkreter Inhaltsgesamtheit (J.P. Sartre, Die Transzendenz des Ego, Reinbek 1982).
25 Vgl. U. Rosenfeld, Der Mangel an Sein. Identität als ideologischer Effekt, Gießen 1984, S. 93 ff.
26 Vgl. S. Freud, Massenpsychologie und Ich-Analyse, in: GW XIII, S. 71-161; vgl. dazu auch H.-M. Lohmann, Sigmund Freud zur Einführung, a.a.O., S. 57-64.

2. Das Symbolische

1 S. Freud, Das Unbewußte (1915), in: GW X, S. 264 f.
2 Ders., Neue Folge der Vorlesungen zur Einführung in die Psychoanalyse (1932), in: GW XV, S. 86.
3 J. Lacan, Subversion ..., in: S II, S. 175 f.
4 Ders., Die Stellung des Unbewußten (1960), in: S II, S. 207. – Vgl. dazu S.M. Weber: »Nennt also Lacan das Unbewußte emphatisch einen ›Begriff‹ [...] so unterscheidet sich dieser grundsätzlich von der traditionellen Begrifflichkeit, etwa Hegels, da er nicht mehr qua bestimmter Negation die höchste Konkretisierung des Begriffenen sein kann, sondern etwas, was unaufhörlich *auf der Suche* ist.« (S.M. Weber, Rückkehr zu Freud. J. Lacans Ent-stellung der Psychoanalyse, Frankfurt/M./Berlin/Wien 1978, S. 12.)
5 Es ist vor allem Hegel, der diesen Standpunkt einnimmt. Lacan löst sich hier in der Abweisung des absoluten Wissens und der dialektischen Verwirklichung der Selbstidentität vom Hegelschen Diskurs ab.
6 F. de Saussure, Grundfragen der allgemeinen Sprachwissenschaft, Berlin/Leipzig 1931. Eine ausgezeichnete Übersicht über die Gesetzmäßigkeiten und Mechanismen der Sprache liefert: R. Barthes, Elemente der Semiologie, Frankfurt/M. 1981.
7 J. Lacan, Funktion und Feld ..., in: S I, S. 117.
8 Ders., Sem I, S. 72.
9 Vgl. dazu H. Lang, Die Sprache und das Unbewußte, Frankfurt/M.

1973; S.M. Weber, Rückkehr zu Freud, a.a.O; G. Teichmann, Psychoanalyse und Sprache. Von Saussure zu Lacan, Würzburg 1983.

10 J. Lacan, Das Drängen des Buchstabens ..., in: S II, S. 26.

11 S. M. Weber, Rückkehr zu Freud, a.a.O., S. 39.

12 J. Lacan, Funktion und Feld ..., in: S I, S. 109.

13 Ders., Das Drängen des Buchstabens ..., in: S II, S. 31.

14 Vgl. R. Jakobson, Linguistik und Poetik, in: ders., Poetik, hrsg. von E. Holenstein/T. Schelbert, Frankfurt/M., 1979, S. 94 ff.; ders., Zwei Seiten der Sprache und zwei Typen aphasischer Störungen, in: ders., Aufsätze zur Linguistik und Poetik, hrsg. von W. Raible, Frankfurt/M./Berlin 1979, S. 117 ff.

15 S. Freud hatte beide Funktionen anhand der Traumdeutung erörtert, indem er den Traum mit einem Rebus verglich und die Zeichen, deren sich der Traum bedient, nicht nach ihrem Inhalt bewertete, sondern nach ihren formalen Beziehungen zu anderen Elementen. Vgl. S. Freud, Die Traumdeutung (1900), in: GW II/III, S. 283 f.; ders., Der Witz und seine Beziehungen zum Unbewußten (1905), in: GW VI.

16 J. Lacan, Das Seminar von J. Lacan, Buch XI (1964). Die vier Grundbegriffe der Psychoanalyse (= Sem XI), Olten 1978, S. 26; vgl. auch ders., Die Ausrichtung der Kur und die Prinzipien ihrer Macht (1961), in: S I, S. 182; ders., Das Seminar von J. Lacan, Buch XX (1972-73) (= Sem XX), S. 52.

17 S.M. Weber, Rückkehr zu Freud, a.a.O., S. 77.

18 J. Lacan, Das Drängen des Buchstabens ..., in: S II, S. 43.

19 Vgl. ders., Funktion und Feld ..., in: S I, S. 104; ders., Subversion ..., in: S II, S. 190; ders., Sem I, S. 113; ders., Sem II, S. 178.

20 Ders., Ecrits, Paris 1966, S. 907. Zit. nach: H. Lang, Die Sprache und das Unbewußte, a.a.O., S. 106.

21 G.W.F. Hegel, Phänomenologie ..., a.a.O., S. 112.

22 J. Lacan, Das Spiegelstadium ..., in: S I, S. 64.

23 S.M. Weber, Rückkehr zu Freud, a.a.O., S. 95.

24 J. Lacan, Ecrits, a.a.O., S. 678. Zit. nach: S. M. Weber, Rückkehr zu Freud, a.a.O., S. 95.

25 Ebenda.

26 J. Lacan, Sem II, S. 310; vgl. auch ders., Das Seminar über E.A. Poes »Der entwendete Brief« (1956), in: S I, S. 53.

27 Ders., Funktion und Feld ..., in: S I, S. 87 u. 86.

3. Subjekt und Wunsch

1 J. Lacan, Sem II, S. 176.
2 S. Freud, Entwurf einer Psychologie (1895), in: ders., Aus den Anfängen der Psychoanalyse. Briefe an W. Fließ, Abhandlungen und Notizen aus den Jahren 1887-1902, Frankfurt/M. 1962, S. 326.
3 J. Lacan, Sem II, S. 146.
4 S. Freud, Entwurf ..., a.a.O., S. 326.
5 Ders., Die Traumdeutung, in: GW II/III, S. 571 ff.
6 Ebenda, S. 571.
7 J. Lacan, Sem XI, S. 51.
8 Ders., Sem II, S. 128.
9 Ebenda, S. 186.
10 S. Freud, Formulierungen über die zwei Prinzipien des psychischen Geschehens (1911), in: GW VIII, S. 232.
11 Vgl. dazu D.W. Winnicott, der den Begriff der »good enough-mother« prägte und damit eine zuverlässige elterliche Versorgung anspricht, die dem Säugling eine Atmosphäre des Vertrauens gibt, in der Illusionserfahrungen möglich sind, aber auch – in erträglichem Maße – Versagungen erfahren werden können (D.W. Winnicott, Vom Spiel zur Kreativität, Stuttgart 1973). Zu den Konzeptionen von Winnicott-Lacan vgl.: H. Weiß/G. Pagel, Übergangsphänomene und symbolische Ordnung. Winnicott-Lacan, in: Jahrbuch der Psychoanalyse, Band 18, 1986, S. 42-76.
12 J. Lacan, Sem II, S. 176.
13 Ebenda, S. 131 f.
14 S. Freud, Die Verneinung (1925), in: GW XIV, S. 14 f.
15 Vgl. G. Pagel, Narziß und Prometheus, a.a.O., S. 38 ff.; A. Schöpf, Symbolisierungsfähige und nichtsymbolisierungsfähige Phantasie, sowie: A.S. Kessler, Das Reale als Moment der Phantasie. Eine These. Beide in: A. Schöpf (Hg.), Phantasie als anthropologisches Problem, Würzburg 1981, S. 125 ff. bzw. 147 ff.
16 S. Freud, Formulierungen ..., in: GW VIII, S. 232.
17 Ders., Entwurf ..., a.a.O., S. 368.
18 Ders., Der Dichter und das Phantasieren, in: GW VII, S. 217 f.
19 Ders., Entwurf ..., a.a.O., S. 337.
20 J. Lacan, Subversion ..., in: S II, S. 165 ff. Anzumerken wäre hier, daß

der französische Ausdruck »désir« (Begehren) nicht identisch ist mit dem deutschen Ausdruck »Wunsch«. Wunsch bezeichnet eher ein umschriebenes Verlangen, während »das Begehren sich artikuliert in einem Diskurs, der voll List ist« (Lacan, Die Ausrichtung ..., in: S I, S. 211).

21 S. Freud, Hemmung, Symptom und Angst (1926), in: GW XIV, S. 186.

22 J. Lacan, Die Ausrichtung ..., in: S I, S. 219.

23 Ders., Über eine Frage, die jeder möglichen Behandlung der Psychose vorausgeht (1955-56), in: S II, S. 83.

24 J. Lacan, Die Ausrichtung ..., in: S I, S. 219.

25 S. Freud, Jenseits des Lustprinzips (1920), in: GW XIII, S. 12 f.

26 J. Lacan, Sem I, S. 189.

27 S. Freud, Jenseits des Lustprinzips, in: GW XIII, S. 13 f.

28 J. Lacan, Funktion und Feld ..., in: S I, S. 165.

29 Ders., Das Seminar von J. Lacan, Buch XI (1964). Die vier Grundbegriffe der Psychoanalyse (= Sem XI), Olten 1978, S. 68, 251.

30 Ders., Funktion und Feld ..., in: S I, S. 166.

31 Ders., Die Bedeutung des Phallus (1966), in: S II, S. 127.

32 Ebenda, S. 127 f.

33 Ders., Subversion ..., in: S II, S. 190.

34 E. Levinas, Die Spur des Anderen (1963), in: ders., Die Spur des Anderen. Untersuchungen zur Phänomenologie und Sozialphilosophie, Freiburg/München 1983, S. 220.

35 J. Lacan, Subversion ..., in: S II, S. 182.

36 U. Rosenfeld, Der Mangel an Sein ..., a.a.O., S. 113.

37 J. Lacan, Subversion ..., in: S II, S. 179.

38 Ebenda, S. 187.

39 Ebenda, S. 183. Zum Problem der »antizipierten Nachträglichkeit« vgl.: S.M. Weber, Rückkehr zu Freud, a.a.O., S. 10 ff.

40 J. Lacan, Subversion ..., in: S II, S. 183.

41 Ebenda, S. 184.

42 Ebenda.

43 S. Freud, Das Unbehagen in der Kultur (1930), in: GW XIV, S. 419 ff.

4. Ödipus und die Bedeutung des Phallus

1 M. Merleau-Ponty, Signes, Paris 1960, S. XX. Zit. nach: H. Lang, Freud – ein Strukturalist?, in: Psyche 10, 1980, S. 866.

2 Vgl. J. Lacan, Die Bedeutung des Phallus ..., in: S II, S. 119-132; ders., Leitsätze für einen Kongreß über weibliche Sexualität (1964), in: S III, S. 223-235; ders., Subversion ..., in: S II, S. 196 ff.; ders., Über eine Frage ..., in: S. II, S. 88 f.; ders., Seminar XX »Encore« (1972-1973), Weinheim/Berlin 1986 (= Sem XX), S. 71 ff.; ders., Die Ausrichtung ..., in: S I, S. 210 ff.

3 S. Freud, Drei Abhandlungen zur Sexualtheorie (1905), in: GW V, S. 67.

4 Ders., Neue Folge der Vorlesungen ..., in: GW XV, S. 80.

5 Ebenda, S. 101.

6 J. Lacan, Sem XI, S. 171.

7 Ebenda, S. 184.

8 S. Freud, Triebe und Triebschicksale (1915), in: GW X, S. 212.

9 Ders., Drei Abhandlungen ..., in: GW V, S. 111.

10 J. Lacan, Sem XI, S. 175.

11 Ebenda, S. 181.

12 Ebenda, S. 176.

13 Ebenda, S. 185.

14 A. Gehlen, Der Mensch. Seine Natur und seine Stellung in der Welt, Bonn 1950.

15 J. Lacan, Subversion ..., in: S II, S. 196.

16 Ders., Die Bedeutung des Phallus ..., in: S II, S. 123. – Die kontroverse Debatte wurde v.a. von Karen Horney, Helene Deutsch, Melanie Klein und Ernest Jones geführt. Vgl. dazu: J. Mitchell, Psychoanalyse und Feminismus, Frankfurt/ M. 1985, S. 149-162.

17 J. Lacan, Subversion ..., in: S II, S. 197.

18 Ebenda.

19 Ders., Sem. XX, S. 80.

20 Vgl. H.-J. Heinrichs: »Lacan verkörpert als Person und in seiner Lehre eine (wenn auch vom Mangel bestimmte) Phallokratie: Das Subjekt ist durch seine Beziehung zum Phallus bestimmt (Phallozentrismus); die signifikante ›Stellung‹ des Phallus im Denken Lacans entspricht dem, was bei Heidegger philosophisch generalisiert *Existenz* heißt: das *Hinausstehen in die Lichtung* (des Seins).« In: H.-J. Heinrichs,

Sprachkörper. Zu Claude Lévi-Strauss und Jacques Lacan, Frankfurt/M./Paris 1983, S. 101.

21 S. Freud, Die Traumdeutung, in: GW II/ III, S. 269.

22 Ovid, Metamorphosen, a.a.O., S. 102.

23 Die Diskussion um die sog. Verführungstheorie Freuds, die dieser 1897 verwarf, wurde in den letzten Jahren v.a. in den USA von J.M. Masson neu entfacht. Masson wirft Freud ein Ausweichen vor den realen Tatsachen und damit Anpassung an die bestehende Gesellschaftsordnung vor. Vgl. J.M. Masson, Was hat man dir, du armes Kind, getan? Sigmund Freuds Unterdrückung der Verführungstheorie, Hamburg 1986; vgl. auch J. Malcolm, Vater, lieber Vater. Aus dem Sigmund-Freud-Archiv, Frankfurt/M./Berlin 1986.

24 S. Freud, Die Traumdeutung, in: GW II/ III, S. 270.

25 J. Lacan, Das Drängen ..., in: S II, S. 49.

26 Ders., Sem XI, S. 198.

27 Ebenda, S. 187.

28 Ebenda, S. 187 f.

29 Ebenda, S. 188.

30 Ebenda, S. 189.

31 S. Freud, Die infantile Genitalorganisation (1923), in: GW XIII, S. 294.

32 Ders., Über infantile Sexualtheorien (1908), in: GW VII, S. 178.

33 Ders., Drei Abhandlungen ..., in: GW V, S. 96.

34 J. Lacan, Die Bedeutung des Phallus, in: S II, S. 129.

35 Ebenda, S. 125 f.

36 Vgl. J. Mitchell, Psychoanalyse und Feminismus, a.a.O., S. 158 ff.

37 J. Lacan, Die Bedeutung des Phallus, in: S II, S. 124.

38 Vgl. Chr. v. Braun: »Mit Freud, Möbius und anderen Wissenschaftlern ihrer Zeit wurde den Frauen nicht nur ihre ›Kulturfähigkeit‹ abgesprochen; es wurde sogar ihr Anteil an der Entstehung der Kultur aus der Erinnerung gelöscht.« In: Chr. v. Braun, Nicht Ich. Logik, Lüge, Libido, Frankfurt/M. 1988, S. 181. Zum Thema »Freud und die weibliche Sexualität« vgl. auch: J. Mitchell, Psychoanalyse und Feminismus, a.a.O., Kap. II: Feminismus und Freud, S. 348-500; J. Chasseguet-Smirgel (Hg.), Psychoanalyse der weiblichen Sexualität, Frankfurt/M. 1974; L. Irigaray, Das Geschlecht, das nicht eins ist, Berlin 1977; dies., Speculum. Spiegel des anderen Geschlechts, Frankfurt/M. 1980;

E. Seifert, »Was will das Weib?« Zu Begehren und Lust bei Freud und Lacan, Weinheim/Berlin 1987.

39 Vgl. H.-M. Lohmann, Sigmund Freud zur Einführung, a.a.O., S. 87.
40 J. Mitchell, Psychoanalyse und Feminismus, a.a.O., S. 387.
41 J. Lacan, Die Bedeutung des Phallus, in: S II, S. 124.
42 Ders., Funktion und Feld ..., in: S I, S. 120.
43 C. Lévi-Strauss, Strukturale Anthropologie, Frankfurt/M. 1967.
44 J. Lacan, Funktion und Feld ..., in: S I, S. 118.
45 Ebenda, S. 119.
46 Ders., Die Bedeutung des Phallus, in: S II, S. 129.
47 Ebenda, S. 128.
48 Ebenda, S. 129 f.
49 Ebenda, S. 128.
50 Ders., Subversion ..., in: S II, S. 200.
51 Ders., Sem XX, S. 12.
52 Ebenda, S. 83 f.
53 Ebenda, S. 80; vgl. auch ders., Television (1973), in: ders., Radiophonie, Television, Weinheim/Berlin 1988, S. 88 ff.
54 Ders., Sem XX, S. 83.
55 Ders., Die Bedeutung des Phallus, in: S II, S. 132.
56 Zur Weiterführung und Vertiefung dieser Problematik empfehlen sich die Arbeiten von L. Irigaray und E. Seifert, die – beide an Lacan und Freud orientiert – zu kontroversen Lösungsansätzen gelangen: L. Irigaray, Das Geschlecht, das nicht eins ist, a.a.O.; dies., Speculum, a.a.O.; dies., Ethique de la différence sexuelle, Paris 1984; E. Seifert, »Was will das Weib?«, a.a.O.

5. Sprechen und Sprache in der Psychoanalyse

1 J. Lacan, Funktion und Feld ..., in: S I, S. 84.
2 Ebenda, S. 82.
3 Ders., Die Ausrichtung der Kur ..., in: S I, S. 197; vgl. auch S. 149.
4 Ders., Funktion und Feld ..., in: S I, S. 82 f.
5 Ebenda, S. 91f.
6 Vgl. dazu ders., Television, in: ders., Radiophonie, Television, a.a.O., S. 76. Auf die Frage, was er mit dem Affekt, der sich nicht um Worte

schert, anzufangen weiß, gibt Lacan in seinem Fernsehinterview zu bedenken, daß seine »Vorstellung, daß das Unbewußte wie eine Sprache strukturiert ist, erlaubt, den Affekt seriöser zu verifizieren als jene, die sich von dem ausgehend äußert, daß es ein Gerumple und Geschiebe sei, aus dem ein besseres Arrangement entsteht. Denn das ist es, was man mir entgegensetzt.« (Ebenda, S. 75)

7 Ders., Funktion und Feld ..., in: S I, S. 143.

8 Ders., Die Ausrichtung der Kur ..., in: S I, S. 207.

9 Ders., Funktion und Feld ..., in: S I, S. 85.

10 Ders., La chose freudienne ou Sens du retour à Freud en psychanalyse (1956), in: ders., Ecrits, S. 431, zit. nach: H. Lang, Die Sprache und das Unbewußte ..., a.a.O., S. 105.

11 Ders., Funktion und Feld ..., in: S I, S. 159.

12 Ebenda, S. 136.

13 Ebenda, S. 158.

14 Ebenda, S. 156.

15 Ebenda, S. 159.

16 Ebenda, S. 160. Am Beispiel des Zwangskranken verdeutlicht Lacan diese fatale Beziehung: Dieser fristet sein Leben im Warten auf den Tod des Herrn, in dessen Dienst er steht. Das Werk seiner Arbeit findet sich doppelt entfremdet. Zum einen wird es ihm von einem anderen entwendet, zum anderen entgeht ihm die Anerkennung seines eigenen Wesens durch sich selbst, denn das, in dem sein Werk Begründung findet, ist nicht in ihm. So wartet er auf die Befreiung aus dieser Lage, die er im Tod des Herrn zu finden glaubt. Dies Warten dient ihm dazu, sich zwischen ihn und den Tod zu stellen. Verharrend in der Ungewißheit des Zweifelns und im Aufschub, findet er keinen Ausgang aus dem imaginären Gefängnis seiner Knechtschaft, der darin läge, daß er – jenseits des Todes des Herrn – sein eigenes »Sein-zum-Tode« annehme könnte. (Vgl. dazu S. 160 f. und Sem I, S. 359 f.) – Lacans kritische Analyse des Zwangscharakters der psychoanalytischen Praxis zeigt auf, wie ernst ihm das Anliegen ist, das Subjekt aus der imaginären Sicherheit des Knechtes, der im zwanghaften Aufschub des Todes sein Leben zu schonen glaubt, zu befreien, damit es in Beziehung zu seinem eigenen Tod leben kann.

17 Ebenda, S. 86.

18 Ders., Sem XI, S. 37 f.; zum Begriff der logischen Zeit vgl. auch: ders., Die logische Zeit und die Assertion der antizipierten Gewißheit (1945), in: S III, S. 101 ff.

19 Ders., Sem XI, S. 39.

20 H. Weiß, Der Andere in der Übertragung. Untersuchung über die analytische Situation und die Intersubjektivität in der Psychoanalyse, Stuttgart 1988, S. 13.

21 J. Lacan, Sem XI, S. 152.

22 Ebenda, S. 150.

23 Ebenda, S. 151.

24 S. Freud, Aus den Anfängen ..., a.a.O., S. 256.

25 J. Lacan, Sem XI, S. 151.

26 Ebenda, S. 151 f.; vgl. auch S. 136 f.

27 Ders., Sem I, S. 355.

28 Ebenda, S. 205.

29 Vgl. ders., Funktion und Feld ..., in: S I, S. 143.

30 Ders., Sem I, S. 356.

Literaturhinweise

Das Werk Lacans besteht aus Aufsätzen, Vorträgen, Kommentaren und Texten in offener Form, die zuerst in verschiedenen französischen Zeitschriften veröffentlicht wurden. Die wichtigsten Texte sowie die Seminarpapiere wurden erst nachträglich zu Büchern zusammengestellt. Ausführliche Bibliographien zu den französischen Originaltexten sind zu finden in:

- Zeitschrift »magazine littéraire«, Nr. 121, Februar 1977.
- H. Lang, Die Sprache und das Unbewußte. Jacques Lacans Grundlegung der Psychoanalyse, Frankfurt/M. 1986.
- Zeitschrift »Psyche«, Heft 10/1980, S. 958-973.
- H.-J. Heinrichs, Sprachkörper. Zu Claude Lévi-Strauss und Jacques Lacan, Frankfurt/M./ Paris 1983.
- A. Juranville, Lacan und die Philosophie, München 1990.
- E. Roudinesco, Jacques Lacan. Bericht über ein Leben. Geschichte eines Denksystems, Köln 1996.

1. Primärliteratur

a) Buchpublikationen von Lacan in französischer Sprache

De la psychose paranoïaque dans ses rapports avec la personnalité, suivi de Premiers Ecrits sur la paranoïa, Paris 1932. (Hierbei handelt es sich um die medizinische Dissertation Lacans, die unter dem gleichen Titel 1975 in Paris erneut aufgelegt wurde.)

ECRITS, hrsg. von J. Lacan, Paris 1966 (nähere Angaben zu den Einzeltexten vgl. unter c).

»Presentation« der ECRITS I (Taschenbuchreihe »Points« der Editions du Seuil), Paris 1969.
Autres Ecrits, hrsg. von J.A. Miller, Paris 2001.

Le Séminaire de Jacques Lacan. Texte établi par Jacques-Alain Miller, Paris 1973 ff.:
- Livre I. Les écrits techniques de Freud (1953-1954).
- Livre II. Le moi dans la théorie de Freud et dans la technique de la psychanalyse (1954-1955).
- Livre III. Les psychoses (1955-1956).
- Livre IV. La relation d'objet (1956-1957).
- Livre V. Les formations de l'inconscient (1957-1958).
- Livre VII. L'éthique de la psychanalyse (1959-1960).
- Livre VIII. Le transfert (1960-1961).
- Livre X. L'Angoisse (1962-1963).
- Livre XI. Les quatre concepts fondamentaux de la psychanalyse (1964).
- Livre XVI. D'un Autre à l'autre (1968-1969).
- Livre XVII. L'envers de la psychanalyse (1969-1970).
- Livre XVIII. D'un discours qui ne serait pas du semblant (1970-1971).
- Livre XIX. Ou pire (1971-1972).
- Livre XX. Encore (1972-1973).
- Livre XXIII. Le sinthome (1975-1976).

b) Buchpublikationen von Lacan in deutscher Sprache

Schriften I, II und III, hrsg. von N. Haas/H.-J. Metzger, Olten/Freiburg/Br. 1973, 1975, 1980, jeweils 3. bzw. 4. Aufl.: Weinheim/Berlin 1996, 1991, 1994.

Das Seminar von Jacques Lacan, Textherstellung durch J.-A. Miller:
- Buch I. Freuds technische Schriften (1953-1954), Olten/Freiburg/Br. 1978, 2. Aufl.: Weinheim/Berlin 1990.
- Buch II. Das Ich in der Theorie Freuds und in der Technik der Psychoanalyse (1954-1955), Olten/Freiburg/Br. 1980, 2. Aufl.: Weinheim/Berlin 1991.
- Buch III. Die Psychosen (1955-1956), Weinheim/Berlin 1997.
- Buch IV. Die Objektbeziehungen (1956-1957), Wien 2003.

- Buch V. Die Bildungen des Unbewussten (1957-1958), Wien 2006.
- Buch VII. Die Ethik der Psychoanalyse (1959-1960), Weinheim/Berlin 1996.
- Buch VIII. Die Übertragung (1960-1961), Wien 2007.
- Buch X. Die Angst (1962-1963), Wien 2009.
- Buch XI. Die vier Grundbegriffe der Psychoanalyse (1964), Olten/Freiburg/Br. 1978, 3. Aufl.: Weinheim/Berlin 1987.
- Buch XX. Encore (1972-1973), Olten/Freiburg/Br. 1986, 2. Aufl.: Weinheim/Berlin 1991.
- Buch XXIII. Das Sinthom (1975-1976), Wien 2017.
- J.-B. Pontalis, Zusammenfassende Wiedergabe der Seminare IV-VI (1956-1959) von Jacques Lacan, hrsg. von H.-D. Gondek und P. Widmer, Wien 1999.

Radiophonie, Television (1970, 1974), hrsg. von N. Haas/H.-J. Metzger, Weinheim/Berlin 1988.
Über die paranoische Psychose in ihren Beziehungen zur Persönlichkeit und Frühe Schriften über die Paranoia, hrsg. von P. Engelmann, Wien 2002.
Das Freudsche Ding oder Der Sinn einer Rückkehr zu Freud in der Psychoanalyse (erw. Fassung eines Vortrags von 1955), Wien 2006.
Der Triumph der Religion, welchem vorausgeht: Der Diskurs an die Katholiken (Vortrag von 1960), Wien 2006.
Namen-des-Vaters, Wien 2006.
Über den »Trieb« bei Freud und das Begehren des Psychoanalytikers, in: Lacan – Trieb und Begehren, hrsg. von Christian Kupke, Berlin 2007.
Meine Lehre, Wien 2008.
Der individuelle Mythos des Neurotikers. Oder: Dichtung und Wahrheit in der Neurose, Wien 2008.
Ich spreche zu den Wänden. Gespräche aus der Kapelle Sainte-Anne, Wien 2013.

c) Übersicht der wichtigsten Texte Lacans in chronologischer Folge

Im folgenden werden die in den *Ecrits* enthaltenen Arbeiten im französischen Original sowie zahlreiche ins Deutsche übersetzte Texte berücksichtigt und mit Hinweisen auf die jeweiligen Band- bzw. Seitenangaben in den *Schriften* bzw. *Ecrits* versehen.

1933 Motifs du crime paranoïaque. Le crime des sœurs Papin, in: Minotaure 3-4, S. 25-28.
= Motive des paranoischen Verbrechens, in: S. Dali, Unabhängigkeitserklärung der Phantasie und Erklärung der Rechte des Menschen auf seine Verrücktheit, München 1974, S. 357-366; sowie in: texte, Heft 3, 2001, S. 93-102.

1936 Au-delà du »Principe de réalité«, in: L'Evolution psychiatrique III, S. 67-86. (Ecrits, S. 73-92)
= Jenseits des Realitätsprinzips, in: Schriften III, S. 15-37.

1938 La famille: Le complexe, facteur concret de la pathologie familiale. Les complexes familiaux en pathologie, in: Encyclopédie Française, hrsg. von A. de Monzie, Bd. VIII: La vie mentale, hrsg. von H. Wallon, Paris, 40, 3-16; 42, 1-8.
= Die Familie, in: Schriften III, S. 39-100.

1945 Le temps logique et l'assertion de certitude anticipée: un nouveau sophisme, in: Cahiers d'Art, S. 32-42. (Ecrits, S. 197-213)
= Die logische Zeit und die Assertion der antizipierten Gewißheit. Ein neues Sophisma, in: Schriften III, S. 101-121.

1947 Propos sur la causalité psychique, in: L'Evolution psychiatrique, S. 293-312; vgl. auch in: Le Problème de la psychogenèse des névroses et des psychoses, hrsg. von H. Ey, Paris 1950, 23-54. (Vortrag am 28.9.1946 bei den Journées psychiatriques in Bonneval) (Ecrits, S. 151-193)
= Vortrag über die psychische Kausalität, in: Schriften III, S. 123-171.

1948 L'aggressivité en psychanalyse, in: Revue Française de Psychanalyse XII, S. 367-388. (Bericht vor dem 9. Kongreß der französischsprechenden Psychoanalytiker in Brüssel am 15.5.1948) (Ecrits, S. 101-124)

1949 La stade du miroir comme formateur de la fonction de Je, telle qu'elle nous est révélée dans l'expérience psychanalytique, in: Revue Française de Psychanalyse XIII, S. 449-455. (Bericht für den 16. Internationalen Kongreß für Psychoanalyse in Zürich am 17.7.1949; als Konzept beim 14. Internationalen Psychoanalytischen Kongreß in Marienbad 1936 vorgetragen) (Ecrits, S. 93-100)
= Das Spiegelstadium als Bildner der Ichfunktion, wie sie uns in der psychoanalytischen Erfahrung erscheint, in: Schriften I, S. 61-70.

1951 Über die Aufgaben der Psychoanalyse in der Kriminologie (mit M. Cénac), in: Revue Française de Psychanalyse 1, S. 5-29. (Vortrag für den 12. Kongreß der französischsprechenden Psychoanalytiker am 29.5.1950) (Ecrits, S. 125-149)

1952 Intervention sur le transfert, in: Revue Française de Psychanalyse XVI, S. 154-163. (Beitrag zum 14. Kongreß der französischsprechenden Psychoanalytiker 1951) (Ecrits, S. 215-226)

1955 Variantes de la cure-type, in: Encyclopédie Médico-Chirurgicale, hrsg. von H. Ey, Bd. III: Psychiatrie (Œcrits, S. 323-362) (1966 Einleitung und 1. Kap. neu geschrieben)

1956 Fonction et champ de la parole et du langage en psychanalyse, in: La Psychanalyse I, S. 81-166. (Bericht auf dem Kongreß in Rom am 26./27.9.1953) (Ecrits, S. 237-322); (1966 Hinzufügung der Einleitung: Du sujet enfin en question; Ecrits, S. 229-236)
= Funktion und Feld des Sprechens und der Sprache in der Psychoanalyse (= Rede von Rom), in: Schriften I, S. 71-170.

– Introduction au commentaire de Jean Hyppolite sur la »Verneinung« de Freud, in: La Psychanalyse I, S. 17-28. (Seminar über Freudsche Technik vom 10.2.1954) (Ecrits, S. 369-380)
= Einführung zum Kommentar von Jean Hyppolite über die »Verneinung« von Freud*, in: Schriften III, S. 179-190.
(Jean Hyppolite, Gesprochener Kommentar über die »Verneinung« von Freud*, in: Schriften III, S. 191-200)

– Réponse au commentaire de Jean Hyppolite sur la »Verneinung« de Freud, in: La Psychanalyse I, S. 41-58. (Ecrits, S. 381-399)
= Antwort auf den Kommentar von Jean Hyppolite über die »Verneinung« von Freud*, in: Schriften III, S. 201-219. (1966 Hinzufügung einer längeren Einleitung: D'un dessein; Ecrits, S. 363-367)
= Von einer Absicht*, in: Schriften III, S. 175-178.
Die vier mit einem Sternchen markierten Beiträge sind in den Schriften III, S. 173-219, unter der Überschrift »Zur Verneinung bei Freud« zusammengefaßt.

– Le séminaire sur »La Lettre volée«, in: La Psychanalyse II, S. 1-44. (Vortrag vom 26.4.1955) (Ecrits, S. 9-61; 1966 mit neuer Einleitung und zwei weiteren Kapiteln versehen)
= Das Seminar über E.A. Poes »Der entwendete Brief«, in: Schriften I, S. 7-60.

– La chose freudienne ou Sens du retour à Freud en psychanalyse (erweiterte Fassung des Vortrags in der Wiener Neuropsychiatrischen Klinik am 7.11.1955), in: L'Evolution psychiatrique 1, S. 225-252. (Ecrits, S. 401-436)
– Situation de la psychanalyse et formation du psychanalyste en 1956 (2. Fassung), in: Etudes philosophiques 4, S. 567-584. (Ecrits, beide Fassungen S. 459-491)

1957 La psychanalyse et son enseignement (Vortrag vor der französischen Gesellschaft für Philosophie am 23.2.1957), in: Bulletin de la Société française de philosophie XLIX, S. 65-101. (Ecrits, S. 437-458)
– L'instance de la lettre dans l'inconscient ou la raison depuis Freud (Vortrag in der Sorbonne am 9.5.1957), in: La Psychanalyse III, S. 47-81 (Ecrits, S. 493-528)
= Das Drängen des Buchstabens im Unbewußten oder die Vernunft seit Freud, in: Schriften II, S. 15-55.
– Clefs pour la psychanalyse, in: Journal L'Express, 31.5.1957.
= Schlüssel für die Psychoanalyse: Ein Gespräch mit Jacques Lacan, in: Fragmente 39-40, S. 291-306.

1958 D'une question préliminaire à tout traitement possible de la psychose, in: La Psychanalyse IV, S. 1-50. (Ecrits, S. 531-583)
= Über eine Frage, die jeder möglichen Behandlung der Psychose vorausgeht, in: Schriften II, S. 61-118.
– Jeunesse de Gide ou la lettre et le désir, in: Critique 131, S. 291-315. (Ecrits, S. 739-764)

1959 A la mémoire d'Ernest Jones: Sur sa théorie du symbolisme, in: La Psychanalyse V, S. 1-20. (Ecrits, S. 697-717)

1961 La direction de la cure et les principes de son pouvoir (Vortrag beim Internationalen Kolloquium in Royaumont vom 10.-13.7.1958), in: La Psychanalyse VI, S. 149-206. (Ecrits, S. 585-645)
= Die Ausrichtung der Kur und die Prinzipien ihrer Macht, in: Schriften I, S. 171-239.
– Remarque sur le rapport de Daniel Lagache: »Psychanalyse et structure de la personnalité« (Beitrag zum Kolloquium in Royaumont vom 10.-13.7.1958), in: La Psychanalyse VI, S. 111-147. (Ecrits, S. 647-684)
– Maurice Merleau-Ponty, in: Les Temps Modernes 184-185, S. 245-254.

= Maurice Merleau-Ponty, in: Schriften III, S. 237-249.

1963 Kant avec Sade, in: Critique 191, 291-313. (Ecrits, S. 765-790)
= Kant mit Sade, in: Schriften II, S. 133-163.

1964 Du »Trieb« de Freud et du désir du psychanalyste, in: Archivio di Filosofia 1-2, S. 51-60. (Ecrits, S. 851-854)

– Propos directifs pour un Congrès sur la sexualité féminine (Colloque international de psychanalyse vom 5. - 9.9.1960 in Amsterdam), in: La Psychanalyse VII, S. 3-14. (Ecrits, S. 725-736)
= Leitsätze für einen Kongreß über weibliche Sexualität, in: Schriften III, S. 221-236.

1966 Position de l'inconscient (Vortrag beim VI. Kongreß in Bonneval vom 30.10. - 12.11.1960), in: L'inconscient, hrsg. von H. Ey, Desclée de Brouwer, Paris 1966, S. 159-170. (Ecrits, mit zusätzlicher Einleitung und Schlußbemerkung, S. 829-850)
= Die Stellung des Unbewußten, in: Schriften II, S. 205-230.
– La science et la vérité (Mitschrift der Eröffnungsvorlesung des Seminars 1965/66 über »Das Objekt in der Psychoanalyse«), in: Cahier pour l'Analyse I, S. 1-31. (Ecrits, S. 855-877)
= Die Wissenschaft und die Wahrheit, in: Schriften II, S. 231-257.

– La signification du phallus (Vortrag vom 9.5.1958 im Max-Planck-Institut München in deutscher Sprache). (Erstveröff. Ecrits, S. 685-695)
= Die Bedeutung des Phallus, in: Schriften II, S. 119-132.

– Subversion du sujet et dialectique de désir dans l'inconscient freudien (Vortrag beim Internationalen Philosophie-Kongreß zum Thema »Dialektik« in Royaumont vom 19. - 23.9.1960). (Erstveröff. Ecrits, S. 793-827)
= Subversion des Subjekts und Dialektik des Begehrens im Freudschen Unbewußten, in: Schriften II, S. 165-204.

– Von dem, was uns vorausging, in: Schriften III, S. 7-14. (Einleitung zu Abschnitt II in Ecrits, S. 62-71)

– La métaphore du sujet (Intervention vom 23.6.1960 beim Vortrag von C. Perelmann über »Die Idee der Rationalität und die Rechtsordnung« in der Société de philosophie). (Erstveröff. Ecrits, 2. Aufl., S. 889-892)
= Die Metapher des Subjekts, in: Schriften II, S. 56-59.

– La place de la psychanalyse dans la médecine (Stellungnahme beim Collège de médecin), in: Cahiers du Collège de médecine, 12, 1966,

S. 761-774.
= Psychoanalyse und Medizin, in: Wo Es War, 1, 1986.
1970 Radiophonie (Rundfunkinterview), in: Scilicet 2/3, Paris 1970.
= Radiophonie, in: Radiophonie, Television, Weinheim/Berlin 1988, S. 5-54.
1974 Télévision (Fernsehinterview), Paris 1974.
= Television, in: Radiophonie, Television, Weinheim/Berlin 1988, S. 55-98.
1975 ... Ou pire/Introduction à l'édition allemande d'un premier volume des écrits, in: Scilicet 5, Jan. 1975.
= Vorwort zur deutschen Ausgabe meiner ausgewählten Schriften, in: Schriften II, S. 7-14.
– Le symptôme (Vortrag in Genf am 4.10.1975).
= Vortrag in Genf über das Symptom, in: RISS, 1, 1, 1986.
1977 Die Übersetzung, in: R. Georgin, Lacan. Cahiers Cistre, Nr. 3 (Lausanne), deutsch in: Der Wunderblock, Nr. 1, 1978.
1978 Beim Lesen Freuds, in: Der Wunderblock, Nr. 1, 1978.
1980 Der Individualmythos des Neurotikers, in: Der Wunderblock, Nr. 5/6, 1980.
1984 Eine ›Lacansche‹ Psychose, in: Der Wunderblock, Nr. 7, 11/12, 1984.
1985 Das Begehren zu schlafen, in: Der Wunderblock, Nr. 8, 13, 1985.
1986 Psychoanalyse und Medizin, in: Wo Es War, Nr. 1, 1986.
1986 Hamlet, in: Wo Es War, Nr. 2, 1986.
1988 Der Sinn einer Rückkehr zu Freud in der Psychoanalyse (Vortrag von Wien 1955, dt. Originalfassung), in: Wo Es War, Nr. 5/6, 1988.

2. Sekundärliteratur

L. Althusser, Freud und Lacan, Berlin 1970.
B. Baas, Das reine Begehren, Wien 1995.
Ders., Die Anbetung der Hirten. Oder Über die Würde eines Helldunkels, Wien 1999.
A. Badiou/B. Cassin, Es gibt keinen Geschlechtsverkehr. Zwei Lacanlektüren, Zürich 2012.
A. Badiou/E. Roudinesco, Jacques Lacan. Gestern, heute, Dialog, Wien 2013.
W. Bergande, Lacans Psychoanalyse und die Dekonstruktion, Wien 2002.

M. Borch-Jacobsen, Lacan. Der absolute Herr und Meister, München 1999.
M. Bowie, Lacan, Göttingen 1994.
C. Blümle/A. v. Heiden (Hg.), Blickzähmung und Augentäuschung. Zu Jacques Lacans Bildtheorie, Zürich/Berlin 2005.
C. Braun, Die Stellung des Subjekts. Lacans Psychoanalyse, Berlin 2007.
T. Caspar, Ethik und Genießen: Kant und Lacan, Wien 2005.
A. Cremonini, Die Durchquerung des Cogito. Lacan contra Sartre, München 2003.
J. Danis, Einführung in J. Lacan. Narzißmus in Mann und Frau, München 1996.
M. David-Menard, Konstruktionen des Allgemeinen. Psychoanalyse, Philosophie, Wien 1999.
J. Derrida, Die Postkarte. Von Sokrates bis Freud und jenseits, 2. Lieferung, Berlin 1987.
F. Dolto, Der Fall Dominique, Frankfurt/M. 1973.
Th. Dörfler, Das Subjekt zwischen Identität und Differenz, Neuried 2001.
D. Evans, Wörterbuch der Lacanschen Psychoanalyse, Wien 2002.
J.B. Fages, Den Strukturalismus verstehen. Einführung in das strukturale Denken, Gießen/Wiesbaden 1974.
B. Fink, Eine klinische Einführung in die Lacansche Psychoanalyse, Theorie und Technik, Wien 2005.
B. Fink, Das Lacansche Subjekt. Zwischen Sprache und Jouissance, Wien 2006.
B. Fink, Grundlagen der psychoanalytischen Technik, Wien 2013.
B. Fink, Eine klinische Einführung in die Lacansche Psychoanalyse, Wien 2016.
B. Fink, Lacan buchstäblich. Die Écrits entziffern, Wien/Berlin 2017.
B. Fink, Das Lacan'sche Subjekt, Wien 2018.
M. Frank, Das Sagbare und das Unsagbare. Studien zur neuesten französischen Hermeneutik und Texttheorie, Frankfurt/M. 1980.
Ders., Was ist Neostrukturalismus?, Frankfurt/M. 1984.
H. Gekle, Tod im Spiegel. Zu Lacans Theorie des Imaginären, Frankfurt/M. 1996.
S. und H. Goeppert, Sprache und Psychoanalyse, Reinbek 1973.
H.-D. Gondek/P. Widmer (Hg.), Ethik und Psychoanalyse. Vom kategorischen Imperativ zum Gesetz des Begehrens. Kant und Lacan, Frankfurt/M. 1994.

H.-D. Gondek u.a. (Hg.), Jacques Lacan. Wege zu seinem Werk, Stuttgart 2001.
P. Guyomard, Das Genießen des Tragischen. Antigone, Lacan und das Begehren des Analytikers, Wien 2001.
K. Hammermeister, Jacques Lacan, München 2008.
I. Hanika/E. Seifert, Die Wette auf das Unbewußte oder Was Sie schon immer über Psychoanalyse wissen wollten, Frankfurt 2006.
H.-J. Heinrichs, Sprachkörper. Zu Claude Lévi-Strauss und Jacques Lacan, Frankfurt/M. 1983.
J. Hengst, Ansätze zu einer Archäologie der Literatur, Stuttgart u.a. 2000.
K. Hoffmann, Das Nichtidentische und die Struktur, Würzburg 1996.
R. Hofmann, Beschreibungen des Abwesenden. Lektüren nach Lacan, Frankfurt/M. u.a. 1996.
D. Hombach (Hg.), Mit Lacan, Berlin 1982.
J.-K. Hong, Der Subjektbegriff bei Lacan und Althusser, Frankfurt/M. u.a. 2000.
A. Juranville, Lacan und die Philosophie, München 1990.
Ders., Der psychoanalytische Diskurs nach Lacan, Zürich 1994.
C. Kupke (Hrsg.), Lacan – Trieb und Begehren, Berlin 2007.
P. Kuwert u.a., Jacques Lacan. Eine Einführung in die therapeutische Praxis, Stuttgart 2017.
S. Lacan, Ein Vater, Frankfurt/M. 2001.
H. Lang, Die Sprache und das Unbewußte. Jacques Lacans Grundlegung der Psychoanalyse, Frankfurt/M. 1998.
H. Lang/G. Pagel/H. Weiß, Die Klinik der Psychosen im Lichte der strukturalen Psychoanalyse, Würzburg 1995.
N. Langlitz, Die Zeit der Psychoanalyse: Lacan und das Problem der Sitzungsdauer, Frankfurt/M. 2005.
J. Laplanche/J.-B. Pontalis, Das Vokabular der Psychoanalyse, Frankfurt/M. 1984.
A. Lipowatz, Diskurs und Macht. Jacques Lacans Begriff des Diskurses, Marburg/Berlin 1982.
Ders., Die Verleugnung des Politischen. Die Ethik des Symbolischen bei Jacques Lacan, Weinheim/Berlin 1986.
M. Marini, Jacques Lacan, Paris 1986.
A. Michels/P. Widmer/P. Müller (Hg.), Eine Technik für die Psychoanalyse?, Würzburg 1993.

J.-A. Miller, Von einem anderen Lacan, Wien 1994.
C. Milot, Mein Leben mit Lacan. Übers. Richard Steurer-Boulard, Wien 2017.
H. Müller, Die Lehre vom Unbewußten und der Glaube an Gott. Ein Gespräch zwischen Psychoanalyse und Glauben – Jacques Lacan und Simone Weil, Düsseldorf 1983.
J.-D. Nasio, 7 Hauptbegriffe der Psychoanalyse, Wien 2000.
A. Nilsson, Das Spiel der Sprache, Regensburg 1997.
N. Ort, Objektkonstitution als Zeichenprozeß. Jacques Lacans Psychosemiologie und Systemtheorie, Wiesbaden 1998/Bielefeld 2004.
N. Ort, Das Symbolische und das Signifikante. Eine Einführung in Lacans Zeichentheorie, Wien 2014.
G. Pagel, Lacan: Einführender Überblick über einen schwierigen Denker und Erörterung einiger Kriterien und Kontroversen, in: B. Taureck (Hg.), Psychoanalyse und Philosophie. Lacan in der Diskussion, Frankfurt/M. 1992, S. 32-59.
Dies., Lacan, in: J. Nida-Rümelin/M. Betzler (Hg.), Ästhetik und Kunstphilosophie. Von der Antike bis zur Gegenwart in Einzeldarstellungen, Stuttgart 1998, S. 477-483.
G. Pagel/H. Weiß, Das Ich ist nicht das Ich. Zur Theorie der Subjektivität bei J. Lacan, in: Luzifer-Amor. Zeitschrift zur Geschichte der Psychoanalyse, Heft 5, 1990.
J. B. Pontalis, Nach Freud, Frankfurt/M. 1974.
J. Prasse/C.-D. Rath, Lacan und das Deutsche: Die Rückkehr der Psychoanalyse über den Rhein, Freiburg 1994.
E. Ragland-Sullivan, Jacques Lacan und die Philosophie der Psychoanalyse, Weinheim 1989.
M. Recalcati, Der Stein des Anstoßes. Lacan und das Jenseits des Lustprinzips, Wien 2000.
P. Rey, Eine Saison bei Lacan, Wien 2000.
A. Rifflet-Lemaire, Jacques Lacan, Brüssel 1970.
U. Rosenfeld, Der Mangel an Sein. Identität als ideologischer Effekt, Gießen 1984.
E. Roudinesco, Jacques Lacan. Bericht über ein Leben. Geschichte eines Denksystems, Frankfurt/M. 1999.
A. Ruhs, Lacan: Eine Einführung in die strukturale Psychoanalyse, Wien 2010.

G. Schiwy, Der französische Strukturalismus. Mode, Methode, Ideologie, Reinbek 1984.
Ders., Neue Aspekte des Strukturalismus, München 1973.
L. Schmeiser, Blickwechsel. Drei Essays zur Bildlichkeit des Denkens. Descartes, Lacan, Foucault, Wien 1991.
M. Schmid, Zur Frage der Transmission (in) der Psychoanalyse, Zürich 1995.
H. Schmidgen, Das Unbewußte der Maschinen. Konzeptionen des Psychischen bei Guattari, Deleuze und Lacan, München 1997.
U. Schneider-Harpprecht, Mit Symptomen leben, Münster u.a. 2000.
G. Schwering, Benjamin – Lacan. Vom Diskurs des Anderen, Wien 1998.
E. Seifert, Was will das Weib? Zu Begehren und Lust bei Freud und Lacan, Weinheim/Berlin 1987.
E. Seifert, Seele – Subjekt – Körper. Freud mit Lacan in Zeiten der Neurowissenschaft, Gießen 2008.
Ders., Perversion der Philosophie. Lacan und das unmögliche Erbe des Vaters, Berlin 1992.
W. Seitter, Lacan und ..., Berlin 1984.
E. Strowick, Passagen der Wiederholung. Kierkegaard, Lacan, Freud, Stuttgart 1999.
B. Taureck (Hg.), Psychoanalyse und Philosophie. Lacan in der Diskussion, Frankfurt/M. 1992.
G. Teichmann, Psychoanalyse und Sprache. Von Saussure zu Lacan, Würzburg 1983.
G.-C. Tholen u.a. (Hg.), Übertragung, Übersetzung, Überlieferung: Episteme und Sprache in der Psychoanalyse Lacans, Bielefeld 2001.
M. Verweiyst, Das Begehren der Anerkennung, Frankfurt/M./New York 2000.
Ders., Die Lust am Verbotenen und die Notwendigkeit, Grenzen zu überschreiten, Zürich 1991.
F. Wahl (Hg.), Einführung in den Strukturalismus, Frankfurt/M. 1973.
R.-P. Warsitz, Zwischen Verstehen und Erklären. Die widerständige Erfahrung der Psychoanalyse bei K. Jaspers, J. Habermas und J. Lacan, Würzburg 1990.
S.M. Weber, Rückkehr zu Freud. Jacques Lacans Ent-stellung der Psychoanalyse, 2. Aufl., Wien 2000.
H. Weiß, Der Andere in der Übertragung. Untersuchung über die analytische Situation und die Intersubjektivität in der Psychoanalyse,

Stuttgart-Bad Cannstatt 1988.
H. Weiß/G. Pagel, Erkenntnistheoretische Aspekte im Werk von W.R. Bion und J. Lacan, in: W. Tress/S. Nagel (Hg.), Psychoanalyse und Philosophie: eine Begegnung, Heidelberg 1993, S. 170-182.
P. Widmer, Subversion des Begehrens. Eine Einführung in Jacques Lacans Werk, Wien 2009.
Ders., Angst. Erläuterungen zu Lacans Seminar X, Bielefeld 2004.
M. Wünsch, Lektüren zu Jacques Lacans Seminar X, Wien 2012.
S. Žižek, Grimassen des Realen. J. Lacan oder die Monstrosität des Aktes, Köln 1993.
Ders., Hegel mit Lacan, Zürich 1995.
Ders., Lacan. Eine Einführung, Frankfurt/M. 2008.
Ders., Liebe Dein Symptom wie Dich selbst! Jacques Lacans Psychoanalyse und die Medien, Berlin 1991.
Ders., Liebe Deinen Nächsten? Nein Danke. Die Sackgassen des Sozialen in der Postmoderne, Berlin 1999.
Ders., Lacan in Hollywood, Wien 2000.
Ders., Mehr-Genießen. Lacan in der Populärkultur, Wien 1992.
Ders., Die Nacht der Welt. Psychoanalyse und deutscher Idealismus, Frankfurt/M. 2000.
Ders., Die Tücke des Subjekts, Frankfurt/M. 2001.
Ders., Was Sie schon immer über Lacan wissen wollten und Hitchcock nie zu fragen wagten, Frankfurt/M. 2002.
A. Zupancic, Ethik des Realen, Wien 1995.
Dies., Das Reale einer Illusion. Kant und Lacan, Frankfurt/M. 2001.

Zeitschriften

Arbeitshefte Kinderpsychoanalyse, Kassel 1982 ff.
Diskurier, Karlsruhe 1992 ff.
Fragmente. Schriftenreihe für Kultur-, Medien- und Psychoanalyse, Kassel 1981 ff.
rebus. Blätter zur Psychoanalyse, Bern 1992 ff.
RISS. Zeitschrift für Psychoanalyse, Zürich 1986 ff.
texte, psychoanalyse, ästhetik, kulturkritik, Wien/Innsbruck 1980 ff.
WO ES WAR, Ljubljana 1986 ff.
Der Wunderblock. Zeitschrift für Psychoanalyse, Berlin 1978 ff.

Zeittafel

1901	Jacques Marie Emile Lacan wird am 13. April in Paris geboren. Er stammt aus einer streng katholischen Familie des mittleren Bürgertums, die ihm auf einem angesehenen Jesuiten-Gymnasium, dem Collège Stanislas, eine klassisch-humanistische Ausbildung zuteil werden läßt. Anschließend studiert Lacan an der Pariser Faculté de médicine und absolviert die Fachausbildung zum Psychiater.
1926	Erste wissenschaftliche Publikation zusammen mit Koautoren in der Fachzeitschrift *Revue Neurologique.*
1932	Medizinische Dissertation über einen Fall von Paranoia, Klinikchef an der Fakultät für Medizin in Paris.
1934	Eheschließung mit Marie-Louise Blondin.
1936	Psychoanalytische Inauguralarbeit über *Das Spiegelstadium als Bildner der Ichfunktion.*
	Vortrag auf dem 14. Internationalen Kongreß in Marienbad vom 2. bis 7. August über das »Spiegelstadium«.
1941	Scheidung von Marie-Louise. Während der deutschen Besetzung Frankreichs betreibt Lacan eine private Therapiepraxis in Paris und bildet Analytiker aus, veröffentlicht jedoch nichts.
1948	Mitarbeit am Ausbildungsprogramm der Société Psychanalytique de Paris.
1949	Vortrag auf dem 16. Internationalen Kongreß in Zürich am 17. Juli über das »Spiegelstadium«.
1953	Austritt aus der Société Psychanalytique de Paris (zusammen mit D. Lagache, F. Dolto u.a.) und Mitglied der von Lagache neubegründeten Société Française de Psychanalyse (S.F.P.).

»Rede von Rom« beim Kongreß vom 26. bis 27. September über *Funktion und Feld des Sprechens und der Sprache in der Psychoanalyse.*
Eheschließung mit Sylvia Maklés, mit der er seit 1939 liiert ist.
Professor an der Klinik Sainte-Anne in Paris, Beginn der Seminare in der Klinik Sainte-Anne.
1955 Vortrag in der Wiener Neuropsychiatrischen Klinik über *La chose freudienne* am 7. November.
1956 Die erste Nummer der Zeitschrift *La Psychanalyse* mit Arbeiten aus den Jahren 1953-1955 erscheint.
1958 Vortrag am Max-Planck-Institut in München am 9. Mai über *Die Bedeutung des Phallus.*
1961 Ausschluß von J. Lacan und F. Dolto aus der International Psychoanalytic Association (I.P.A.) auf dem Kongreß in Edinburgh.
1963 Auf dem Stockholmer Kongreß akzeptiert die I.P.A. die Mitgliedschaft der S.F.P. unter der Bedingung, daß Lacan als Lehranalytiker ausgeschlossen und den Lehranalysanden die Teilnahme an seinen Seminaren untersagt wird.
Im Oktober wird Lacan von der Liste der Lehranalytiker gestrichen; das Seminar in der Klinik Saint-Anne wird geschlossen.
1964 Nach Erhalt eines Lehrauftrages von der Ecole Pratique des Haute Études setzt Lacan seine Seminare in der Ecole Normale Supérieure fort.
Am 21. Juni gründet Lacan eine eigene Schule, die Ecole Française de Psychanalyse, später umbenannt in Ecole Freudienne de Paris (E.F.P.).
1966 Publikation der gesammelten Abhandlungen *ECRITS.*
1969 Die seit 1967 innerhalb der E.F.P. geführte Debatte um die Lehranalyse führt zum Austritt einiger Lacan-Schüler, die die Quatrième Groupe gründen.
1970 Radiointerviews am 5., 10., 19. und 26. Juni (R.T.B.) sowie am 7. Juni bei O.R.T.F.
1973 Ende Januar Fernsehsendung des Service de la Recherche de L'O.R.T.F. über Lacan.
1980 Lacan erklärt im Januar die Auflösung seiner Schule und die

Gründung der Cause Freudienne. Ende September Auflösung der Ecole Française de Psychanalyse durch die Generalversammlung.

1981 Lacan stirbt am 9. September in Paris an den Folgen einer Darmkrebsoperation.

Gerda Pagel, geb. 1948, Studium der Philosophie, Psychologie, Soziologie und Psychoanalyse an der Universität Würzburg. 1983 Promotion zum Dr. phil. Lehrt Philosophie und Psychologie an der Universität Würzburg, Gymnasium und Fachoberschule. 1996 Univ.-Prof. (Preston, USA). Wiss. Veröffentlichungen in Zeitungen, Fachzeitschriften und Sammelbänden. Buchveröffentlichungen: *Narziß und Prometheus. Die Theorie der Phantasie bei Freud und Gehlen (1984); Psychoanalyse im Exil. Texte verfolgter Analytiker* (Mithg. 1987); *Bewußtes und Unbewußtes. Beiträge zu ihrer Interpretation und Kritik* (Mithg. 1989); *Die Klinik der Psychosen* (Mithg. 1995); daneben Lyrik, Kurzgeschichten, vier Theaterdramen und mehrere Theaterevents.

Reihe »Zur Einführung« im Junius Verlag

Theodor W. Adorno
von Gerhard Schweppenhäuser

Giorgio Agamben
von Eva Geulen

Hannah Arendt
von Karl-Heinz Breier

Aristoteles
von Christof Rapp

Augustinus
von Johann Kreuzer

Michail Bachtin
von Sylvia Sasse

Roland Barthes
von Ottmar Ette

Georges Bataille
von Peter Wiechens

Jean Baudrillard
von Falko Blask

Walter Benjamin
von Sven Kramer

Henri Bergson
von Gilles Deleuze

Hans Blumenberg
von Franz Josef Wetz

Pierre Bourdieu
von Markus Schwingel

Judith Butler
von Hannelore Bublitz

Ernst Cassirer
von Heinz Paetzold

Stanley Cavell
von Elisabeth Bronfen

Charles Darwin
von Julia Voss

Gilles Deleuze
von Michaela Ott

Jacques Derrida
von Susanne Lüdemann

René Descartes
von Peter Prechtl

John Dewey
von Martin Suhr

Wilhelm Dilthey
von Matthias Jung

Epikur
von Carl-Friedrich Geyer

Johann Gottlieb Fichte
von Helmut Seidel

Reihe »Zur Einführung« im Junius Verlag

Michel Foucault
von Philipp Sarasin

Gottlob Frege
von Markus S. Stepanians

Sigmund Freud
von Hans-Martin Lohmann

Hans-Georg Gadamer
von Udo Tietz

Arnold Gehlen
von Christian Thies

Jürgen Habermas
von Mattias Iser/David Strecker

Friedrich August von Hayek
von Hans Jörg Hennecke

Georg Wilhelm Friedrich Hegel
von Herbert Schnädelbach

Martin Heidegger
von Günter Figal

Johann Gottfried Herder
von Jens Heise

Thomas Hobbes
von Wolfgang Kersting

David Hume
von Heiner F. Klemme

Edmund Husserl
von Peter Prechtl

C.G. Jung
von Micha Brumlik

Immanuel Kant
von Jean Grondin

Sören Kierkegaard
von Konrad Paul Liessmann

Friedrich Kittler
von Geoffrey Winthrop-Young

Konfuzius
von Xuewu Gu

Siegfried Kracauer
von Gertrud Koch

Jacques Lacan
von Gerda Pagel

Bruno Latour
von Henning Schmidgen

Gottfried Wilhelm Leibniz
von Hans Poser

Emmanuel Levinas
von Werner Stegmaier

John Locke
von Walter Euchner

Reihe »Zur Einführung« im Junius Verlag

Niklas Luhmann
von Walter Reese-Schäfer

Jean-François Lyotard
von Walter Reese-Schäfer

Niccolò Machiavelli
von Quentin Skinner

Karl Marx
von Rolf Peter Sieferle

Maurice Merleau-Ponty
von Christian Bermes

John Stuart Mill
von D. Kuenzle/M. Schefczyk

Michel de Montaigne
von Peter Burke

Friedrich Nietzsche
von Werner Stegmaier

Charles Sanders Peirce
von Helmut Pape

Platon
von Barbara Zehnpfennig

John Rawls
von Wolfgang Kersting

Paul Ricœur
von Jens Mattern

Jean-Jacques Rousseau
von Günther Mensching

Jean-Paul Sartre
von Martin Suhr

Ferdinand de Saussure
von Ludwig Jäger

Max Scheler
von Angelika Sander

Friedrich W.J. Schelling
von Franz Josef Wetz

Carl Schmitt
von Reinhard Mehring

Arthur Schopenhauer
von Volker Spierling

Adam Smith
von Michael S. Aßländer

Sokrates
von Christoph Kniest

Baruch de Spinoza
von Helmut Seidel

Thomas von Aquin
von Rolf Schönberger

Max Weber
von Volker Heins

Reihe »Zur Einführung« im Junius Verlag

Ludwig Wittgenstein
von Richard Raatzsch

Slavoj Zizek
von Rex Butler

Analytische Philosophie
von Albert Newen

Antike politische Philosophie
von Walter Reese-Schäfer

Antike und moderne Skepsis
von Markus Gabriel

Argumentationstheorie
von Josef Kopperschmidt

Ästhetik
von Stefan Majetschak

Biophilosophie
von Kristian Köchy

Biopolitik
von Thomas Lemke

Theorien des Computerspiels
von GamesCoop

Erkenntnistheorie
von Herbert Schnädelbach

Feministische Theorien
von R. Becker-Schmidt/G.-A. Knapp

Fernsehtheorie
von Lorenz Engell

Filmtheorie
von Thomas Elsaesser/Malte Hagener

Theorien der Fotografie
von Peter Geimer

Theorien der Gabe
von Iris Därmann

Theorien der Gemeinschaft
von Hartmut Rosa u.a.

Gerechtigkeitstheorien
von Bernd Ladwig

Geschichtsphilosophie
von Johannes Rohbeck

Hermeneutik
von Matthias Jung

Historische Anthropologie
von Jakob Tanner

Historische Epistemologie
von Hans-Jörg Rheinberger

Theorien des Internet
von Martin Warnke

Kulturphilosophie
von Ralf Konersmann

Reihe »Zur Einführung« im Junius Verlag

Kulturtheorien
von Iris Därmann

Kulturwissenschaftliche Gedächtnistheorien
von Nicolas Pethes

Philosophie der Lebenskunst
von Ferdinand Fellmann

Literaturtheorien
von Oliver Simons

Theorien der Macht
von Andreas Anter

Medientheorien
von Dieter Mersch

Philosophie der Menschenrechte
von Christoph Menke/Arnd Pollmann

Theorien des Museums
von Anke te Heesen

Neoliberalismus
von Thomas Biebricher

Neue Philosophien des Politischen
von Uwe Hebekus/Jan Völker

Moralbegründungen
von Konrad Ott

Phänomenologie
von Ferdinand Fellmann

Philologie
von Marcel Lepper

Postkoloniale Theorien
von Ina Kerner

Pragmatismus
von Hans-Joachim Schubert u.a.

Theorien des Sozialstaats
von Stephan Lessenich

Sprachphilosophie
von Georg W. Bertram

Technikphilosophie
von Alfred Nordmann

Tierphilosophie
von Markus Wild

Theorien des Todes
von Petra Gehring

Umweltethik
von Konrad Ott

Visuelle Kulturen/Visual Culture
von Marius Rimmele/Bernd Stiegler

Wirtschaftsethik
von Felix Heidenreich

Wissenschaftstheorie
von Martin Carrier